SALTO

Gianni Rodari kennt in Italien jedes Kind und er wird in der Folge auch von allen Eltern mit Vergnügen gelesen und vorgelesen.

Er ist einer der Geschichtenerzähler in der Tradition von Collodis *Pinocchio* bis Malerbas *Nachdenklichen Hühnern*, die die Kinder schlau machen, ohne sich dumm zu stellen.

Rodaris Geschichten sind voll von unwahrscheinlichen Begebenheiten, schrulligen Personen, merkwürdigen Begegnungen. Er erzählt seine Fabeln mit einer verwirrenden Mischung von Realität und Phantasie, von Ironie und Imagination, von Einfachheit und Sprachwitz, die ihn zu einem Klassiker des 20. Jahrhunderts werden ließ.

Gianni Rodari

Das fabelhafte Telefon

Wahre Lügengeschichten

Aus dem Italienischen
von Marianne Schneider

Verlag Klaus Wagenbach   Berlin

Die Texte des ersten Teils, *Das fabelhafte Telefon*, sind dem Band *Favole al telefono* entnommen, die *Geschichten*, der zweite Teil, dem Band *Il gioco dei quattro cantoni*.

Der Übersetzung liegt die Gesamtausgabe *I cinque libri. Storie fantastiche, favole, filastrocche*, Giulio Einaudi editore, 1993 Torino, zugrunde.

Das fabelhafte Telefon

Es war einmal... 9

Ein Zerstreuter geht spazieren 10

Die kleine Frau, die zählte,
wie oft die Leute niesten 12

Die Nase des Königs 13

Das Karussell von Cesenatico 16

Am Strand von Ostia 19

Die Comic-Maus 21

Der Krieg der Glocken 23

Die Straße, die an keinen Ort führte 25

Die Vogelscheuche 28

Spiele mit dem Stock 29

Apollonia und ihre Marmeladen 31

Die alte Tante Ada 33

Die Sonne und die Wolke 34

Vom König, der sterben sollte 35

Der Kometenzauberer 37

Der Fischer von Cefalù 38

Die blaue Verkehrsampel 40

Die Reise der Affen 41

Der Mann,
der das Kolosseum stehlen ging 42

Ein Fahrstuhl zu den Sternen 44

Die Flucht Pulcinellas 48

Häuser bauen 50

Die falsch erzählte Geschichte 52

Das Nichtsmännchen 53

Geschichten

Eine Liebe in Verona 57

Nächte in Spilamberto 67

Der lange Strand von Comacchio 78

Bäumchen, Bäumchen, wechsle dich 89

Leute im Zug 99

Das Lied des Gitterzauns 111

Eine Serenade in Venedig 118

Das fabelhafte Telefon

Es war einmal...

...ein Handelsvertreter, Herr Bianchi aus Varese bei Mailand, der reiste jede Woche sechs Tage durch ganz Italien, von Osten nach Westen, von Süden nach Norden und in die Mitte, und verkaufte Arzneimittel. Sonntags war er zu Hause, Montag früh fuhr er wieder weg. Aber jedesmal, wenn er wegfuhr, sagte seine kleine Tochter zu ihm: »Denk daran, Papa, jeden Abend eine Geschichte.«
Denn das kleine Mädchen konnte ohne eine Geschichte nicht einschlafen, und die Mama hatte ihr sämtliche Geschichten, die sie kannte, mindestens schon dreimal erzählt. So mußte Herr Bianchi jeden Abend um Punkt neun, egal, wo er war, in Varese anrufen und seiner Tochter eine Geschichte erzählen. Sie sind alle ziemlich kurz: notgedrungen, denn er mußte das Telefon aus eigener Tasche bezahlen und konnte deshalb nicht allzu lange reden. Nur manchmal, wenn er ein gutes Geschäft gemacht hatte, leistete er sich ein paar Einheiten mehr. Die Damen in der Telefonzentrale sollen, sobald Herr Bianchi Varese verlangte, immer alle anderen Gespräche abgebrochen haben, um seine Geschichten mitzuhören.

»Mama, ich gehe jetzt spazieren.«

»Geh nur, Giovanni, aber gib acht, wenn du über die Straße gehst.«

Ein Zerstreuter geht spazieren

»Schon gut, Mama. Wiedersehen, Mama.«

»Du bist immer so zerstreut.«

»Ja, Mama. Wiedersehen, Mama.«

Vergnügt geht Giovannino aus dem Haus, und auf dem ersten Stück Weg paßt er gut auf. Hin und wieder bleibt er stehen und faßt sich an.

»Ich bin doch noch ganz? Ja.« Dann lacht er vor sich hin.

Das Aufpassen macht ihm eine solche Freude, daß er zu hüpfen anfängt wie ein Spatz, aber dann bleibt er wie angewurzelt stehen und sieht sich die Schaufenster an und die Autos und die Wolken, und kein Wunder, daß nun das Unglück beginnt.

Ein Herr weist ihn freundlich zurecht.

»Du bist wirklich zerstreut. Sieh mal, du hast schon eine Hand verloren.«

»Uh, tatsächlich! Ich bin wirklich zerstreut.«

Er sucht also seine Hand, doch da findet er eine leere Büchse. Ob sie wirklich leer ist? Mal nachsehen. Und was war überhaupt drin, ehe sie leer wurde? Sie wird doch nicht immer leer gewesen sein, von Anfang an ...

Giovanni vergißt, seine Hand zu suchen, und dann vergißt er auch die Büchse, denn er hat einen hinkenden Hund gesehen, und weil er den hinkenden Hund einholen will, bevor er um die Ecke verschwindet, verliert er einen ganzen Arm. Aber er merkt es nicht einmal und läuft weiter.

Eine gute Frau ruft ihm zu: »Giovanni, Giovanni, dein Arm!«

Aber er hört sie nicht einmal.

»Na, dann bring' ich den Arm eben seiner Mama«, sagt die gute Frau.

Und sie geht zu Giovannis Mama.

»Sehen Sie, hier hab ich den Arm von Ihrem Giovanni.«

»Ach, der Junge ist so zerstreut. Ich weiß nicht mehr, was ich tun oder sagen soll.«

»Na, das weiß man doch, so sind die Kinder alle.«

Nach einer Weile kommt wieder eine gute Frau.

»Sehen Sie, ich hab einen Fuß gefunden. Der wird doch nicht Ihrem Giovanni gehören?«

»Doch, doch, der gehört ihm, ich erkenne ihn an dem Loch im Schuh. Ach, was habe ich nur für einen zerstreuten Sohn. Ich weiß nicht mehr, was ich tun oder sagen soll.«

»Na, das weiß man doch, so sind die Kinder alle.«

Wieder nach einer Weile kommt eine alte Frau, dann ein Bäckerjunge, dann ein Straßenbahnschaffner und sogar eine pensionierte Lehrerin, und jeder bringt ein Stückchen von Giovanni: ein Bein, ein Ohr und die Nase.

»Aber gibt es überhaupt einen zerstreuteren Jungen als meinen?«

»Aber, so sind doch die Kinder alle.«

Zuletzt kommt Giovanni selbst auf einem Bein angehüpft, ohne Ohren und ohne Arme, aber so lustig wie immer, so lustig wie ein Spatz, und seine Mama schüttelt den Kopf, setzt ihn wieder zusammen und gibt ihm einen Kuß.

»Fehlt etwas, Mama? Ich hab's doch gut gemacht, Mama?«

»Ja, Giovanni, du hast es wirklich gut gemacht.«

In Gavirate, da lebte einmal eine kleine Frau, die machte den ganzen Tag nichts anderes, als zu zählen, wie oft die Leute niesten,

Die kleine Frau, die zählte, wie oft die Leute niesten

dann berichtete sie ihren Freundinnen das Ergebnis ihrer Berechnungen, und sie stimmten alle zusammen ein großes Geschwätz darüber an.

»Der Apotheker hat siebenmal geniest«, erzählte die kleine Frau.

»Nicht möglich!«

»Ich schwöre es euch, die Nase soll mir abfallen, wenn ich nicht die Wahrheit sage, es war genau um fünf vor zwölf.«

Sie schwatzten und schwatzten, und zu guter Letzt sagten sie, der Apotheker schütte Wasser ins Rizinusöl.

»Der Pfarrer hat vierzehnmal geniest«, erzählte die kleine Frau, rot vor Aufregung.

»Du hast dich doch nicht geirrt?«

»Die Nase soll mir abfallen, wenn er einmal weniger geniest hat.«

»Aber wo soll das noch hinführen!«

Sie schwatzten und schwatzten, und zu guter Letzt sagten sie, der Pfarrer schütte zuviel Öl in den Salat.

Einmal stellte sich die kleine Frau mit allen ihren Freundinnen unter die Fenster des Herrn Delio, um auch bei ihm zu horchen. Herr Delio nieste aber überhaupt nicht, weil er weder Tabak schnupfte noch einen Schnupfen hatte.

»Kein einziges Mal geniest«, sagte die kleine Frau, »da steckt was dahinter.«

»Allerdings«, sagten ihre Freundinnen.

Herr Delio hörte sie reden, schüttete eine gute Handvoll Pfeffer in die Pumpe für das Fliegengift, und ohne sich sehen zu lassen, blies er den Pfeffer hinunter auf die Schwatzbasen, die sich unter seinem Fensterbrett zusammenduckten.

»Hatschi!« machte die kleine Frau.

»Hatschi! Hatschi!« machten ihre Freundinnen. Und dann niesten sie alle zusammen viele Male hintereinander.

»Ich habe am öftesten geniest«, sagte die kleine Frau.

»Wir noch öfter«, sagten ihre Freundinnen. Da packten sie sich bei den Haaren und prügelten einander grün und blau, rissen sich die Kleider vom Leib und jede verlor einen Zahn.

Darauf sprach die kleine Frau nicht mehr mit ihren Freundinnen, kaufte sich ein Notizbuch und einen Bleistift und ging mutterseelenallein herum, und sobald sie jemanden niesen hörte, zeichnete sie ein Kreuzchen in ihr Notizbuch.

Als die kleine Frau gestorben war, fand man das Buch, in dem die vielen Kreuzchen standen, und man sagte: »Seht nur, hier hat sie wohl alle ihre guten Taten aufgezeichnet. Wie oft hat sie eine gute Tat getan! Wenn diese kleine Frau nicht ins Paradies kommt, wer dann?«

Die Nase des Königs

Eines Tages beschloß Giovannino Perdigiorno, Hänschen Tagedieb, nach Rom zu fahren, weil er die Nase des Königs anfassen wollte. Seine Freunde rieten ihm ab und sagten: »Paß auf, das ist gefährlich. Wenn der König zornig wird, dann verlierst du deine Nase und deinen ganzen Kopf dazu.«

Aber Giovannino war hartnäckig. Während seiner Reisevorbereitungen besuchte er den Pfarrer, den Bürgermeister und den Hauptmann der Carabinieri und faßte sie alle drei an der Nase, aber so vorsichtig und so geschickt, daß sie es nicht einmal bemerkten.

»Also ist es gar nicht so schwierig«, dachte Giovannino.

Als er in die Nachbarstadt kam, ließ er sich das Haus des Gouverneurs, das des Präsidenten und das des Richters zeigen und stattete diesen hohen Persönlichkeiten einen Besuch ab und faßte auch ihre Nasen an, mit einem Finger oder mit zwei. Das mißfiel den Persönlichkeiten ein wenig, denn Giovannino erschien ihnen als ein wohlerzogener Mensch, und er wußte zu beinahe allen Themen etwas zu sagen. Der Präsident war ein wenig aufgebracht und rief laut: »Sie wollen mich doch nicht an der Nase herumführen?«

»Um Gottes willen«, sagte Giovannino, »das war wohl eine Fliege.«

Der Präsident blickte um sich, sah aber weder Fliegen noch Mücken, aber da verbeugte sich Giovannino eiligst und ging weg, wobei er nicht vergaß, die Tür zu schließen.

Giovannino hatte ein Notizbuch, in das er die Zahl der berührten Nasen eintrug. Es waren nur bedeutende Nasen.

In Rom aber stieg die Zahl der Nasen so rasch, daß sich Giovannino ein dickeres Notizbuch kaufen mußte. Man brauchte nur durch eine Straße zu gehen, und schon begegnete man auf dem kleinsten Stück Weg unweigerlich ein paar Exzellenzen, einigen Unterministern und einem Dutzend großer Sekretäre.

Ganz zu schweigen von den Vorsitzenden, es gab mehr Vorsitzende als am Straßenrand Sitzende. Alle diese Luxusnasen waren in bester Reichweite für Giovannino Perdigiornos Hand. Ihre Besitzer nämlich verwechselten den sanften Nasenstüber mit einer Ehrenbezeugung, und einige gingen sogar so weit, daß sie ihren Untergebenen rieten, es ebenso zu machen, und sagten:

»Von nun an könnt ihr, anstatt euch vor mir zu verbeugen, mir einen sanften Nasenstüber geben. So ist es jetzt Sitte, das ist moderner und raffinierter.«

Anfangs wagten es die Untergebenen nicht, ihre Finger nach den Nasen ihrer Vorgesetzten auszustrecken. Diese ermutigten sie aber mit einem Lächeln von einem Ohr zum anderen, und dann wurde nicht gespart mit Getätschel, Klapsen und sanften Stübern: Die hochgestellten Nasen wurden rot und glänzend vor Genugtuung.

Giovannino hatte indessen sein großes Ziel, nämlich die Nase des Königs anzufassen, nicht aus den Augen verloren, und er wartete nur auf eine gute Gelegenheit. Die zeigte sich bei einem Festzug. Giovannino beobachtete, wie sich hin und wieder einer der Anwesenden aus der Menge löste, auf das Trittbrett der königlichen Kutsche sprang und dem König ein Kuvert überreichte, vermutlich ein Bittgesuch, das der König lächelnd an seinen ersten Minister weitergab.

Als die Kutsche nahe genug gekommen war, sprang Giovannino auf das Trittbrett, und während ihn der König einladend anlächelte, sagte er:

»Gestatten Sie«, streckte seinen Arm aus und rieb mit der Spitze seines Zeigefingers die Nasenspitze Seiner Majestät.

Der König faßte sich erstaunt an die Nase, öffnete den Mund, um etwas zu sagen, aber Giovannino hatte sich mit einem Sprung nach rückwärts schon unter der Menge in Sicherheit gebracht. Da brach ein großer Beifall los, und sogleich beeilten sich andere Bürger begeistert, Giovanninos Beispiel nachzuahmen; sie sprangen auf die Kutsche, packten den König an der Nase und schüttelten ihn kräftig hin und her.

»Das ist ein neues Zeichen der Huldigung, Majestät«, murmelte der erste Minister dem König lächelnd ins Ohr.

Aber der König hatte keine besondere Lust mehr zu lächeln: Seine Nase schmerzte ihn und fing an zu laufen, und er kam nicht einmal dazu, sich die Rotzglocke wegzuwischen, weil ihm seine treuen Untertanen keine Ruhe ließen und ihn vergnügt weiter an der Nase nahmen, um nicht zu sagen, an der Nase herumführten.

Giovannino kehrte befriedigt in sein Heimatdorf zurück.

An den Strand von Cesenatico kam einmal ein Karussell. Es hatte alles in allem sechs Holzpferde und sechs rotbemalte, aber schon ein wenig verblichene Jeeps für Kinder mit einem moderneren Geschmack. Das Männchen, das mit der Kraft seiner Arme das Karussell drehte, war klein, schmächtig und dunkel und sah aus, als bekäme es nur jeden dritten Tag etwas zu essen. Mit anderen Worten, das Karussell war gewiß nicht großartig, aber den Kindern mußte es wohl vorkommen, als wäre es aus Schokolade, denn sie umringten es immer mit Bewunderung und tobten schrecklich, nur um damit fahren zu dürfen.

Das Karussell von Cesenatico

»Was gibt es denn auf dem Karussell Besonderes, vielleicht Honigkuchen?« fragten die Mütter einander. Und zu ihren Kindern sagten sie: »Sehen wir uns die Delphine im Kanal an, setzen wir uns in das Café mit den Schaukelstühlen.«

Aber es half nichts: Die Kinder wollten aufs Karussell.

Eines Abends stieg ein alter Herr, nachdem

er seinen Enkel in einen Jeep gesetzt hatte, selbst auf das Karussell und setzte sich auf den Sattel eines Holzpferdchens. Er saß unbequem, denn seine Beine waren zu lang, und seine Füße berührten den Boden, aber er lachte. Doch kaum hatte das Männchen angefangen, das Karussell zu drehen, da war es wie ein Wunder: Im Nu war der alte Herr so hoch oben wie der Wolkenkratzer von Cesenatico, und sein Holzpferdchen galoppierte durch die Luft und reckte seine Nüstern in die Wolken. Er schaute hinunter und sah die ganze Romagna und dann ganz Italien und dann die ganze Erde, die sich unter den Hufen des Holzpferdchens entfernte; bald wurde sie selbst zu einem kleinen blauen Karussell, das sich in einem fort drehte und nacheinander alle Kontinente und alle Ozeane sehen ließ wie auf einer Landkarte.

»Wohin wohl die Reise geht?« fragte sich der alte Herr.

In dem Moment flog sein Enkel am Steuer des rotbemalten, ein wenig verblichenen Jeeps, der sich in ein Raumschiff verwandelt hatte, an ihm vorüber. Und darauf folgten alle anderen Kinder, so ruhig und sicher auf ihren Bahnen wie künstliche Satelliten.

Wer weiß, wo das dunkle Männchen nun schon war; die Schallplatte hörte man jedoch noch immer, sie spielte einen häßlichen Cha-Cha-Cha: Jede Tour dauerte so lange wie eine ganze Schallplatte.

»Dann war also doch ein Trick dabei«, sagte der alte Herr zu sich. »Das dunkle Männchen ist gewiß ein Hexenmeister.«

Und er dachte auch: »Wenn wir in der Zeit, die eine Schallplatte dauert, einmal um die Welt fahren, schlagen wir Gagarin und seinen Rekord.«

Nun überflog die Weltraumkarawane den

Pazifischen Ozean mit allen seinen kleinen Inseln, Australien mit seinen springenden Känguruhs, den Südpol, wo Millionen Pinguine in die Luft guckten. Man kam nicht dazu, sie zu zählen, denn schon standen an ihrer Stelle Indianer und gaben Rauchsignale, und gleich darauf die Wolkenkratzer von New York, und dann ein einziger Wolkenkratzer, das war der von Cesenatico. Die Schallplatte war zu Ende. Der alte Herr blickte erstaunt um sich: Nun saß er wieder auf dem alten friedlichen Karussell am Adriatischen Meer, das dunkle magere Männchen bremste sanft und sacht.

Der alte Herr stieg torkelnd aus.

»Sie, hören Sie mal«, sagte er zu dem Männchen. Aber das Männchen hatte keine Zeit, ihm zuzuhören, andere Kinder hatten sich auf die Pferdchen und in die Jeeps gesetzt, das Karussell drehte sich wieder zu einer neuen Reise um die Welt.

»Sagen Sie«, wiederholte der alte Herr ein wenig ungehalten.

Das Männchen schaute ihn nicht einmal an. Es schob sein Karussell an, man sah die fröhlichen Gesichter der Kinder vorbeikommen und die Gesichter ihrer Eltern suchen, die im Kreis herumstanden, alle mit einem ermutigenden Lächeln auf den Lippen.

Ein Hexenmeister, dieses windige Männchen? Ein Zauberkarussell, dieses komische Gestell, das zum Rhythmus eines häßlichen Cha-Cha-Cha um die Runden wackelte?

»Hör auf«, schloß der alte Herr, »davon erzählst du besser niemandem etwas. Man würde dich hinterher nur auslachen und sagen: Wissen Sie denn nicht, daß in Ihrem Alter das Karussellfahren gefährlich ist, weil einem schwindelig wird?«

Wenige Kilometer von Rom entfernt liegt der Strand von Ostia, und dorthin fahren die Römer im Sommer zu Tausenden und Abertausenden, und am gan-

Am Strand von Ostia

zen Strand bleibt nicht einmal so viel Platz frei, daß man mit einer Kinder-schaufel ein Loch graben könnte. Und wer als letzter kommt, weiß nicht, wo er seinen Sonnenschirm aufpflanzen soll.

Eines Tages tauchte am Strand von Ostia ein bizarrer, wirklich witziger Herr auf. Er kam als letzter, hatte seinen Sonnenschirm unter dem Arm und fand keinen Platz, wo er ihn hätte aufpflanzen können. Da öffnete er ihn, rückte am Stock etwas zurecht, und sofort erhob sich der Schirm in die Lüfte, und über Tausende und Abertausende von Sonnenschirmen hinweg gelangte er ans Meer und pflanzte sich direkt davor auf, aber zwei oder drei Meter über den Spitzen der anderen Sonnenschirme. Der witzige Herr nahm seinen Liegestuhl auseinander, und auch der blieb in der Luft stehen; er legte sich in den Schatten seines Sonnen-schirms, zog ein Buch aus der Tasche und begann in der vor Jod und Salz prickelnden Meeresluft zu lesen.

Anfangs merkten die Leute nicht einmal etwas. Sie lagen oder saßen unter ihren Sonnenschirmen, versuchten zwischen den Köpfen ihrer Vordermänner ein Stück Meer zu sehen oder lösten Kreuzworträtsel, und niemand schaute in die Luft. Aber auf ein-mal hörte eine Dame etwas auf ihren Son-nenschirm fallen, dachte, es wäre ein Ball, trat heraus, um die Kinder zu schimpfen, schaute um sich und in die Luft, und da sah sie den witzigen Herrn über ihrem Kopf schweben. Der Herr schaute hinunter und sagte zu der Dame:

»Entschuldigen Sie, mir ist mein Buch hinuntergefallen. Könnten Sie es mir bitte wieder heraufwerfen?«

Die Dame fiel vor Überraschung rücklings in den Sand, und da sie sehr dick war, kam sie nicht mehr hoch. Ihre Verwandten eilten ihr zu Hilfe, und die Dame zeigte, ohne ein Wort zu sagen, mit dem Finger auf den fliegenden Sonnenschirm.

»Ach bitte«, sagte der witzige Herr noch einmal, »könnten Sie mir mein Buch wieder heraufwerfen?«

»Aber sehen Sie denn nicht, wie Sie unsere Tante erschreckt haben?«

»Das tut mir sehr leid, aber das war wirklich nicht meine Absicht.«

»Dann kommen Sie herunter, das ist ja verboten.«

»Keineswegs, am Strand war kein Platz mehr, da habe ich mich hier niedergelassen. Ich zahle auch meine Steuern, wissen Sie?«

Einer nach dem anderen beschlossen dann alle Römer, die am Strand waren, in die Luft zu schauen, lachend zeigten sie einander den bizarren Badegast.

»Siehst du den?« sagten sie. »Der hat einen Sonnenschirm mit Düse.«

»Heh, du da oben, Gagarin«, riefen sie hinauf, »laß mich auch mit rauf!«

Ein kleiner Junge warf ihm das Buch hinauf, und der Herr blätterte nervös, um die Seite wiederzufinden, und dann las er schnaubend weiter. Allmählich ließen sie ihn in Ruhe. Nur die Kinder schauten ab und zu neiderfüllt in die Luft, und die mutigsten riefen: »Sie, Herr!«

»Was wollt ihr denn?«

»Warum zeigen Sie uns nicht, wie das geht, so in der Luft zu schweben?«

Doch der Herr schnaubte unwirsch und las wieder weiter. Bei Sonnenuntergang flog sein Schirm mit einem leichten Zischen davon, der witzige Herr landete auf der Straße neben seinem Motorrad, er schwang sich auf den Sattel und fuhr davon. Wer weiß, wer das war und wo er seinen Sonnenschirm gekauft hatte.

Die Comic-Maus

Eine kleine Comic-Maus, die es müde war, zwischen den Seiten einer Zeitung zu leben, und statt Papier lieber Käse fressen wollte, sprang mit einem Satz in die Welt der Mäuse aus Fleisch und Blut.

»*Squash!*« rief sie sofort, da es nach Katze roch.

»Was hat die gesagt?« wisperten die anderen Mäuse, die das merkwürdige Wort einschüchterte.

»*Sploom, bang, gulp!*« sagte die kleine Maus, die nur die Comic-Sprache konnte.

»Das muß Türkisch sein«, sagte eine alte Schiffsmaus, die vor ihrer Pensionierung im Mittelmeer gedient hatte. Und sie versuchte, die kleine Maus auf türkisch anzureden. Die sah sie verwundert an und sagte:

»*Ziip, fiish, bronk.*«

»Ist nicht Türkisch«, sagte die alte Seemannsmaus.

»Was ist es dann?«

»Weißderteufel.«

Da nannten sie die kleine Maus Weißderteufel und behielten sie als eine Art Dorftrottel bei sich.

»Weißderteufel«, fragten sie, »was schmeckt dir besser, Parmesan oder Emmentaler?«

»*Spliiit, grong, ziziziir*«, antwortete die Comic-Maus.

»Gute Nacht«, lachten die anderen. Die Kleinsten zogen sie dann absichtlich am Schwanz, um sie auf ihre komische Weise

schimpfen zu hören: »*Zong, splash, squarr!*«
Einmal gingen sie zum Jagen in eine Mühle, wo lauter Säcke mit weißem und gelbem Mehl standen. Die Mäuse versenkten ihre Zähne in dieses Manna und kauten im Akkord, sie machten »*krik, krik, krik*« wie alle Mäuse beim Kauen. Aber die Comic-Maus machte: »*Creh, screh, schererek!*«

»Lern wenigstens anständig essen«, schimpfte die Schiffsmaus. »Wenn wir auf einem Schiff wären, wärest du schon längst ins Meer geworfen worden, merkst du eigentlich nicht, daß du ein unappetitliches Geräusch machst?«

»*Krenk*«, sagte die Comic-Maus und tauchte wieder in einem Maissack unter.

Da gab die Schiffsmaus den anderen ein Zeichen, und sie machten sich heimlich davon, um die ausländische Maus ihrem Schicksal zu überlassen, denn sie waren überzeugt, daß sie nie den Heimweg finden würde.

Eine Weile kaute die kleine Maus weiter. Als sie endlich bemerkte, daß alle weg waren, war es schon zu dunkel, um den Weg zu suchen, und so beschloß sie, die Nacht in der Mühle zu verbringen. Sie schlief gerade ein, als sie plötzlich in der Dunkelheit zwei gelbe Scheinwerfer aufleuchten sah und auf leisen Pfoten einen gefährlichen Jäger heranschleichen hörte. Eine Katze!

»*Squash!*« sagte die kleine Maus schaudernd.
»*Gragrraniau!*« antwortete die Katze. Gott im Himmel, es war eine Comic-Katze! Der Clan der echten Katzen hatte sie weggejagt, weil sie nicht *miau* machen konnte, wie es sich gehört.

Die beiden Ausgestoßenen umarmten sich, schworen sich ewige Freundschaft und unterhielten sich die ganze Nacht hindurch in der seltsamen Sprache der Comics. Sie verstanden einander wunderbar.

Es war einmal ein Krieg, ein großer und schrecklicher Krieg, in dem viele Soldaten ums Leben kamen, auf der einen wie auf der anderen Seite. Wir standen hier, und unsere Feinde standen dort, und wir schossen Tag

Der Krieg der Glocken

und Nacht aufeinander, aber der Krieg dauerte so lange, daß uns eines Tages die Bronze für die Kanonen ausging, wir kein Eisen mehr hatten für die Bajonette usw.

Unser Befehlshaber, der General Bombone Sparone Pestafracassone, Oberbombe-Riesenknall-Schlagetot, befahl, es sollten alle Glocken von allen Kirchtürmen geholt und alle zusammen geschmolzen werden, um eine riesengroße Kanone herzustellen: eine einzige, aber groß genug, um uns mit einem einzigen Schuß den ganzen Krieg gewinnen zu lassen.

Um diese Kanone hochzuheben, waren hunderttausend Krane nötig; um sie an die Front zu befördern, brauchte man siebenundneunzig Züge. Der General Bombone rieb sich vor Freude die Hände und sagte: »Wenn meine Kanone schießt, dann werden die Feinde davonlaufen, bis hinter den Mond.«

Der große Augenblick war da. Die Riesenkanone war auf die Feinde gerichtet. Wir hatten uns die Ohren mit Watte zugestopft, denn der Krach hätte uns das Trommelfell samt den Eustachischen Röhren zerreißen können.

Der General Bombone Sparone Pestafracassone befahl: »Feuer!«

Ein Artillerist drückte auf einen Knopf. Und auf einmal hörte man von einem Ende der Front bis zum anderen ein riesengroßes Glockengeläute: *»Bimm! Bamm! Bomm!«*

Wir nahmen uns die Watte aus den Ohren, um besser zu hören.

»Bimm! Bamm! Bomm!« schallte donnernd

die Riesenkanone. Und hunderttausendmal wiederholte das Echo überall aus Berg und Tal: *»Bimm! Bamm! Bomm!«*

»Feuer!« rief der General Bombone zum zweiten Mal: »Feuer! Zum Donnerkeil!«

Der Artillerist drückte wiederum auf den Knopf, und aufs neue ertönte ein festliches Glockenkonzert von Schützengraben zu Schützengraben. Es war, als würden alle Glocken unseres Landes zusammen läuten. Der General Bombone riß sich vor Wut ein Haar nach dem anderen aus und machte so lange weiter, bis ihm nur noch ein einziges geblieben war.

Dann herrschte einen Augenblick Stille. Und wie ein Signal antwortete da vom anderen Teil der Front ein vergnügtes, ohrenbetäubendes *»Bimm! Bamm! Bomm!«*.

Man muß nämlich wissen, daß auch der Befehlshaber der Feinde, der Bombenmarschall von Sparon und Pestfrakasson, auf den Gedanken gekommen war, aus allen Glocken seines Landes eine Riesenkanone herzustellen.

»Bimm! Bamm!« schallte dröhnend jetzt unsere Kanone.

»Bomm!« antwortete die Kanone der Feinde. Und die Soldaten der beiden Heere sprangen aus den Schützengräben, liefen aufeinander zu, tanzten und schrien: »Die Glocken, die Glocken! Auf zum Feiern! Der Friede ist ausgebrochen!«

Der General Bombone und der Bombenmarschall stiegen in ihre Limousinen und fuhren weit weg und verbrauchten das ganze Benzin, aber der Klang der Glocken verfolgte sie noch immer.

Am Ende des Dorfes gingen drei Straßen auseinander: Die eine führte zum Meer, die andere in die Stadt und die dritte führte an keinen Ort.

Die Straße, die an keinen Ort führte

Das wußte der kleine Martino, denn er hatte alle einmal danach gefragt, und von allen hatte er dieselbe Antwort bekommen:

»Die Straße da? Die geht nirgends hin. Die braucht man gar nicht zu gehen.«

»Wohin geht sie denn?«

»Die geht nirgends hin.«

»Aber warum hat man sie dann gebaut?«

»Die hat doch niemand gebaut, die war schon immer da.«

»Aber hat denn schon mal einer nachgesehen?«

»Ein schöner Dickschädel bist du: Wenn wir dir doch alle sagen, daß es nichts zu sehen gibt...«

»Das könnt ihr nicht wissen, wenn ihr nie dort gewesen seid.«

Er war so hartnäckig, daß sie ihn mit der Zeit Martino den Dickschädel nannten, aber er war nicht beleidigt und dachte weiter an die Straße, die an keinen Ort führte.

Als er so groß war, daß er über die Straße gehen konnte, ohne seinem Großvater die Hand zu geben, stand er eines Morgens zeitig auf, ging aus dem Dorf und schwenkte, ohne zu zögern, in die geheimnisvolle Straße ein und ging auf ihr weiter. Ihr Boden war voller Löcher und Unkraut, aber zum Glück hatte es lange nicht geregnet, und so waren keine Pfützen da. Rechts und links zog sich eine Hecke entlang, aber schon begannen die Wälder. Die Äste der Bäume verflochten sich über der Straße und bildeten eine dunkle, kühle Galerie, durch die nur da und dort ein Sonnenstrahl drang wie das Licht eines Lämpchens.

Er ging und ging, die Galerie nahm kein Ende, die Straße nahm auch kein Ende, Martino taten die Füße weh, und schon begann er zu denken, er täte wohl gut daran umzukehren, da sah er auf einmal einen Hund.

»Wo ein Hund ist, da ist auch ein Haus«, überlegte Martino, »oder zumindest ein Mensch.«

Der Hund lief ihm schwänzelnd entgegen und leckte ihm die Hände, dann ging er auf der Straße weiter und schaute bei jedem Schritt nach hinten, um nachzusehen, ob Martino ihm noch folgte.

»Ich komme schon, ich komme«, sagte Martino, der neugierig geworden war. Schließlich begann sich der Wald zu lichten, und in der Höhe erschien wieder der Himmel, und die Straße endete vor einem großen Gittertor.

Durch die Stäbe sah Martino ein Schloß, dessen Türen und Fenster sperrangelweit offenstanden, und aus allen Kaminen kam Rauch, und von einem Balkon winkte eine wunderschöne Dame und rief vergnügt:

»Komm herein, Martino!« Sieh mal an, freute sich Martino, ich wußte nicht, ob ich ankommen würde, aber sie schon.

Er stieß das Gittertor auf, ging durch den Park und trat gerade zur rechten Zeit in den Schloßsaal, um sich vor der schönen Dame zu verneigen, die die große Treppe herunterkam. Sie war schön und noch viel schöner angezogen als alle Feen und Prinzessinnen, und außerdem war sie lustig und lachte:

»Dann hast du's also nicht geglaubt.«

»Was?«

»Die Geschichte von der Straße, die an keinen Ort führt.«

»Die war zu dumm. Und nach meiner Meinung gibt es sowieso mehr Orte als Straßen.«

»Freilich, man braucht nur Lust zu haben, anderswo hinzugehen. Jetzt komm, ich will dir das Schloß zeigen.«

Es hatte über hundert Säle, vollgestopft mit Schätzen aller Art wie die Märchenschlösser, wo ein Dornröschen schläft oder ein Menschenfresser seine Reichtümer anhäuft. Es gab Diamanten, Edelsteine, Gold und Silber, und die schöne Dame sagte in einem fort: »Nimm nur alles, was du willst. Ich leihe dir einen Wagen, damit du nicht zu schwer tragen mußt.«

Ihr könnt euch vorstellen, daß sich Martino nicht zweimal bitten ließ. Der Wagen war schön voll, als er wieder aufbrach. Auf dem Kutschbock saß der Hund, denn es war ein gezähmter Hund, der die Zügel halten und die Pferde anbellen konnte, wenn sie vor sich hin dösten und vom Weg abkamen.

Im Dorf hatte man Martino, den Dickschädel, schon für tot gehalten, daher empfing man ihn mit der größten Überraschung. Der Hund lud alle seine Schätze auf dem Dorfplatz ab, wedelte zum Abschied zweimal mit dem Schwanz, stieg wieder auf den Kutschbock und verschwand im Nu in einer Staubwolke. Martino machte allen, Freunden und Feinden, große Geschenke, und hundertmal mußte er sein Abenteuer erzählen, und jedesmal, wenn er fertig war, lief jemand nach Hause, um Pferd und Wagen zu holen, und fuhr Hals über Kopf auf die Straße, die an keinen Ort führte.

Aber noch am selben Abend kamen sie einer nach dem anderen wieder zurück, mit langen Gesichtern vor Ärger: Nach ihrer Meinung ging die Straße mitten im Wald, an einer dichten Mauer von Bäumen und in einem endlosen Dornengestrüpp, zu Ende. Es gab weder ein Gittertor noch ein Schloß, noch eine schöne Dame. Denn manche

Schätze gibt es nur für den, der sich als erster auf eine neue Straße wagt, und der erste war Martino gewesen.

Die Vogelscheuche

Gonario war das jüngste von sieben Geschwistern. Seine Eltern hatten nicht genug Geld, um ihn auf die Schule zu schicken, darum schickten sie ihn zum Arbeiten auf einen großen Bauernhof. Gonario mußte dort als Scheuche auf den Feldern arbeiten, um die Vögel fernzuhalten. Jeden Morgen bekam er eine Pappschachtel voll Schießpulver, und dann ging er stundenlang die Felder auf und nieder, ab und zu blieb er stehen und zündete eine Prise Pulver an. Der Knall erschreckte die Vögel, die davonflogen, weil sie sich vor den Jägern fürchteten.

Einmal fing Gonarios Jacke Feuer, und wenn das Kind sich nicht so geschwind in einen Wassergraben geworfen hätte, wäre es gewiß in den Flammen umgekommen. Sein Sprung erschreckte die Frösche im Wasser, die laut quakend flohen, und ihr Quaken erschreckte die Grillen und die Zikaden, so daß sie einen Augenblick zu zirpen aufhörten.

Aber am meisten erschrocken von allen war er, Gonario, und er weinte mutterseelenallein am Rand des Grabens, naß wie ein häßliches Entlein, klein, zerlumpt und hungrig. Und er weinte so verzweifelt, daß die Spatzen sich auf einen Baum setzten und ihn anschauten und vor Mitleid piepten, um ihn zu trösten. Aber eine Vogelscheuche kann nicht von Vögeln getröstet werden.

Diese Geschichte hat sich in Sardinien zugetragen.

Eines Tages spielte der kleine Claudio vor dem Hauseingang, und auf der Straße kam ein würdiger alter Mann mit einer goldenen Brille vorbei, der ging gebückt und stützte sich auf einen

Spiele mit dem Stock

Stock, und ausgerechnet vor dem Hauseingang fiel ihm der Stock auf den Boden.

Claudio hob ihn geschwind auf und reichte ihn dem Alten, der lächelte und sagte: »Danke, aber ich brauche ihn nicht, ich kann sehr gut ohne Stock gehen. Wenn er dir gefällt, kannst du ihn behalten.«

Ohne auf eine Antwort zu warten, entfernte er sich, und er sah nicht mehr so buckelig aus wie vorher. Nun stand Claudio da mit dem Stock in den Händen und wußte nicht, was er damit anfangen sollte. Es war ein gewöhnlicher Stock aus Holz mit einem gebogenen Griff und einer eisernen Spitze, sonst war nichts Besonderes daran zu bemerken.

Claudio schlug zwei- oder dreimal mit der Spitze auf den Boden und schwang sich dann, ohne etwas dabei zu denken, auf den Stock, und da war es kein Stock mehr, sondern ein Pferd, ein wunderbares schwarzes Füllen mit einem weißen Stern auf der Stirn, das wiehernd und Funken aus den Kieseln schlagend rund um den Hof zu galoppieren begann.

Als es dem verwunderten und ein wenig erschrockenen Claudio gelang, wieder einen Fuß auf den Boden zu setzen, war der Stock wieder ein Stock und hatte keine Hufe mehr, sondern eine einfache rostige Spitze, und auch keine Mähne, sondern einen gewöhnlichen gebogenen Griff.

»Das möchte ich noch mal probieren«, beschloß Claudio, als er wieder genügend Puste hatte.

Er schwang sich wieder auf den Stock, und diesmal war es kein Pferd, sondern ein gravitätisches Kamel mit zwei Höckern, und der Hof war eine unermeßliche Wüste, durch die Claudio reisen sollte, aber er hatte keine Angst und spähte in die Ferne, ob nicht schon eine Oase auftauchte.

»Das ist gewiß ein Zauberstock«, sagte Claudio zu sich, als er sich das drittemal draufschwang. Jetzt war es ein Rennwagen, feuerrot, mit einer weißen Nummer auf dem Kühler, und der Hof war eine dröhnende Rennbahn, und Claudio fuhr immer als erster durchs Ziel.

Dann wurde der Stock ein Motorboot und der Hof ein See mit ruhigem grünem Wasser, dann ein Raumschiff, das durch den Weltraum schoß und einen Sternenschweif hinter sich herzog. Jedesmal, wenn Claudio seinen Fuß wieder auf den Boden setzte, bekam der Stock wieder sein friedliches Aussehen mit dem abgenützt glänzenden Griff und der alten Spitze.

Mit diesen Spielen verging der Nachmittag wie im Flug. Und als Claudio gegen Abend wieder auf die Straße hinausschaute, da kam der alte Mann mit der goldenen Brille wieder zurück. Claudio musterte ihn neugierig, aber er konnte nichts Besonderes an ihm entdecken: Es war ein gewöhnlicher alter Herr, der jetzt von seinem Spaziergang ein wenig ermüdet war.

»Gefällt dir der Stock?« fragte er Claudio lächelnd.

Claudio glaubte, er wolle ihn zurückhaben, und reichte ihn dem Herrn, wobei er ein wenig rot wurde.

Der alte Mann winkte ab.

»Du kannst ihn behalten«, sagte er. »Was soll ich denn jetzt noch mit einem Stock? Du kannst damit fliegen, und ich könnte mich nur darauf stützen, ich werde mich an der Mauer festhalten, das hilft genausoviel.«

Und er ging lächelnd seiner Wege, denn es gibt keinen glücklicheren Menschen auf der Welt als einen alten Mann, der einem Kind etwas schenken kann.

In Sant'Antonio am Lago Maggiore lebte eine Frau, die verstand sich so gut darauf, Marmeladen zu kochen, so gut, daß ihre Dienste im Cuviatal, im Travagliatal, im Dumentinatal und im Poverinatal gefragt waren.

Apollonia und ihre Marmeladen

Wenn die Jahreszeit gekommen war, kamen die Leute aus allen Tälern, setzten sich auf das Mäuerchen, schauten auf den See hinaus und pflückten ein paar Himbeeren von den Stauden, und dann riefen sie die Marmeladenfrau:

»Apollonia!«

»Was ist los?«

»Würden Sie mir eine Heidelbeermarmelade kochen?«

»Zu Diensten.«

»Würden Sie mir helfen, eine feine Pflaumenmarmelade zu kochen?«

»Sofort.«

Apollonia, diese kleine Frau, hatte wirklich gesegnete Hände und kochte die besten Marmeladen im ganzen Varesotto und im ganzen Tessin.

Einmal kam eine Frau aus Arcumeggia zu ihr, die war so arm, daß sie für ihre Marmelade nicht einmal eine Tüte Pfirsichkerne hatte, und so sammelte sie unterwegs eine Schürze voll stacheligen Kastanienschalen.

»Apollonia, würden Sie mir daraus eine Marmelade machen?«

»Aus den stacheligen Schalen?«

»Ich hab nichts anderes gefunden... «

»Dann will ich's damit versuchen.«

Und Apollonia ruhte nicht, bevor sie aus den stacheligen Kastanienschalen die wunderbarste Marmelade gemacht hatte.

Ein andermal fand die arme Frau aus Arcumeggia nicht einmal Kastanienschalen, weil die dürren Blätter auf sie gefallen und sie zugedeckt hatten; darum kam sie mit einer Schürze voll Brennesseln.

»Apollonia, machen Sie mir daraus eine Marmelade?«

»Aus den Brennesseln?«

»Ich hab nichts anderes gefunden.«

»Dann will ich's damit versuchen.«

Und Apollonia nahm die Brennesseln, zuckerte sie ein und ließ sie nach ihrer Kunst kochen, und es wurde eine Marmelade, nach der man sich die Finger lecken mußte.

Denn die kleine Apollonia hatte gesegnete Hände, die waren Gold und Silber wert, und sie hätte selbst aus Steinen Marmelade gekocht.

Einmal kam der Kaiser dort vorbei, und auch er wollte Apollonias Marmelade probieren, und sie gab ihm ein Tellerchen voll, aber nach dem ersten Löffel ekelte den Kaiser, weil eine Fliege hineingefallen war.

»Das ist unappetitlich«, sagte der Kaiser.

»Wenn sie nicht gut wäre, wäre die Fliege nicht hineingefallen«, sagte Apollonia.

Aber nun war der Kaiser schon böse geworden und befahl seinen Soldaten, Apollonia die Hände abzuschneiden.

Da begehrten die Leute auf und ließen dem Kaiser sagen, wenn er Apollonia die Hände abschneiden lasse, dann würden sie ihm die Krone mitsamt seinem Kopf abschneiden, denn Köpfe für einen Kaiser finde man an jeder Straßenecke, aber so gesegnete Hände wie die von Apollonia seien viel kostbarer und seltener.

Da mußte der Kaiser seiner Wege gehen.

Als die alte Tante Ada schon sehr alt war, ging sie ins Altersheim und wohnte dort in einem kleinen Zimmer, in dem noch zwei andere Frauen lebten, die sehr alt waren, so alt wie sie. Die **Die alte Tante Ada** alte Tante Ada setzte sich sofort auf einen kleinen Sessel am Fenster und zerkrümelte einen trockenen Keks auf dem Fensterbrett. »Vorzüglich«, sagten die anderen zwei Alten grimmig, »so sind uns die Ameisen sicher.« Es kam aber aus dem Garten des Altersheims ein kleiner Vogel, der pickte genüßlich die Kekskrümel auf und flog davon.

»Was haben Sie jetzt davon?« brummten die zwei Alten. »Er hat alles aufgepickt und ist weggeflogen. Genau wie unsere Kinder, die sind in die Welt hinausgegangen, wer weiß wohin, und an uns, die wir sie aufgezogen haben, denken sie nicht mehr.«

Die alte Tante Ada sagte kein Wort, aber jeden Morgen zerkrümelte sie einen Keks auf dem Fensterbrett, und der kleine Vogel kam und pickte alles auf, jeden Tag um dieselbe Zeit, so pünktlich wie ein Pensionsgast, und wenn einmal das Essen nicht fertig war, wurde er ganz schön nervös.

Nach einiger Zeit brachte der kleine Vogel auch seine Jungen mit, denn er hatte ein Nest gebaut, und es waren vier zur Welt gekommen, und auch sie pickten genüßlich die Kekskrümel der alten Tante Ada auf und kamen jeden Morgen, und wenn kein Keks da war, machten sie ein großes Gezeter.

»Ihre Vögel sind da«, sagten die zwei Alten zur alten Tante Ada und waren ein wenig neidisch. Und sie lief, so schnell es mit ihren kleinen Schrittchen ging, zu ihrer Kommode, kramte zwischen dem Päckchen Kaffee und der Tüte mit den Anisbonbons einen trockenen Keks hervor und sagte inzwischen:

»Habt ein wenig Geduld, ich komme ja schon.«

»Ach«, murmelten die anderen zwei Alten, »schön wär's, wenn wir mit einem Keks auf dem Fensterbrett unsere Kinder wieder herlocken könnten. Wo sind denn Ihre Kinder, Tante Ada?«

Die alte Tante Ada wußte es nicht mehr: Waren sie jetzt in Österreich oder in Australien; aber sie ließ sich nicht aus der Ruhe bringen, zerkrümelte den Keks für die kleinen Vögel und sagte zu ihnen:

»Eßt nur kräftig, sonst habt ihr nicht genug Kraft zum Fliegen.«

Die zwei Alten schüttelten den Kopf und dachten, Tante Ada sei ein wenig verrückt, denn so alt und so arm sie war, hatte sie immer noch etwas zu verschenken und verlangte nicht einmal, daß man ihr danke schön sagte.

Dann starb die alte Tante Ada, und ihre Kinder erfuhren es erst nach geraumer Zeit, und so hatte es keinen Sinn mehr, zur Beerdigung zu kommen. Aber die kleinen Vögel kamen den ganzen Winter auf das Fensterbrett und schimpften, weil die alte Tante Ada keine Kekskrümel für sie ausgestreut hatte.

Die Sonne reiste in ihrem Feuerwagen über den Himmel, froh und glorreich warf sie ihre Strahlen in alle Richtungen zum großen Ärger einer gewittrig gelaunten Wolke, die brummte:

Die Sonne und die Wolke

»Verschwenderin, Vergeuderin, wirf nur deine Strahlen alle weg, du wirst schon sehen, was dir dann übrigbleibt.«

Jede Traube in den Weinbergen, die an den Reben reifte, stahl sich einen Strahl in der

Minute oder sogar zwei; und da war kein Grashalm, keine Spinne, keine Blume und kein Wassertropfen, der sich nicht seinen Teil genommen hätte.

»Laß dich nur von allen bestehlen: Du wirst schon sehen, wie sie es dir danken werden, wenn du nichts mehr hast, das man dir stehlen könnte.«

Die Sonne reiste vergnügt weiter und schenkte Millionen und Milliarden Strahlen, ohne sie zu zählen.

Erst bei ihrem Untergang zählte sie die Strahlen, die sie noch hatte: Und siehe, es fehlte kein einziger. Die Wolke löste sich vor Überraschung in Hagel auf. Und die Sonne verschwand vergnügt im Meer.

Einmal sollte ein König sterben. Es war ein sehr mächtiger König, aber er war sterbenskrank und klagte verzweifelt:

Vom König, der sterben sollte

»Wie ist es möglich, daß ein so mächtiger König sterben muß? Was machen meine Magier? Warum retten sie mich nicht?«

Aber die Magier hatten sich aus dem Staub gemacht aus Angst, ihren Kopf zu verlieren. Nur einer war geblieben, ein alter Magier, auf den niemand hörte, denn er war ziemlich verschroben und vielleicht auch ein wenig verrückt. Seit vielen Jahren schon fragte ihn der König nicht mehr um Rat, aber diesmal ließ er ihn rufen.

»Du kannst am Leben bleiben«, sagte der Magier, »aber unter einer Bedingung: daß du einen Tag lang deinen Thron dem Mann überläßt, der dir von allen am ähnlichsten ist. Der wird dann an deiner Stelle sterben.«

Sogleich wurde im ganzen Königreich bekanntgegeben: Jeder, der dem König ähnlich

sieht, möge sich in den nächsten vierundzwanzig Stunden bei Hof vorstellen, sonst
riskierte er die Todesstrafe.

Viele stellten sich vor: Manche hatten den-
selben Bart wie der König, aber eine etwas
kürzere oder etwas längere Nase, die schied
der Magier aus; andere ähnelten dem König
wie eine Orange der anderen in der Kiste
beim Obsthändler, aber der Magier schied
sie aus, weil ihnen zum Beispiel ein Zahn
fehlte oder sie ein Muttermal auf dem Rük-
ken hatten.

»Aber du scheidest ja alle aus«, beschwerte
sich der König bei seinem Magier. »Laß mich
doch mit einem von ihnen eine Probe machen, um erst einmal anzufangen.«

»Das wird dir nichts nützen«, erwiderte der
Magier.

Eines Abends gingen der König und sein
Magier auf den Basteien der Stadt spazieren,
und auf einmal schrie der Magier: »Da ist
er, da ist er, der Mann, der dir am meisten
von allen ähnlich ist!«

Und mit diesen Worten zeigte er auf einen
Bettler, der war verstümmelt, buckelig, halb
blind, schmutzig und voller Krusten.

»Aber wie soll das sein«, protestierte der
König, »zwischen uns ist ein Abgrund.«

»Ein König, der sterben muß«, beharrte der
Magier auf seiner Meinung, »ist nur dem
Ärmsten und dem Unglückseligsten der
ganzen Stadt ähnlich. Schnell, tausche für einen Tag die Kleider mit ihm, setze ihn auf
den Thron, und du bist gerettet.«

Aber der König wollte absolut nicht zu-
geben, daß er einem Bettler ähnlich sah.
Trotzig kehrte er in seinen Palast zurück und
starb noch am selben Abend, die Krone auf
dem Kopf und das Zepter in der Hand.

Ein Zauberer erfand einmal eine Maschine, mit der konnte man Kometen machen. Das war so etwas Ähnliches wie die Suppenschneidemaschine, es war aber nicht dieselbe, und sie war in

Der Kometenzauberer

der Lage, Kometen nach Wunsch herzustellen, große oder kleine, solche mit einfachem Schweif oder mit doppeltem, mit rotem oder gelbem Licht und so weiter.

Der Zauberer zog durch Dörfer und Städte und fehlte auf keinem Jahrmarkt, er erschien auch auf der Mailänder Messe und auf dem Pferdemarkt von Verona, und überall führte er seine Maschine vor und erklärte, wie leicht sie zu bedienen sei. Es kamen kleine Kometen heraus, jeder mit einer Schnur zum Festhalten, wenn sie höher stiegen, bekamen sie nach und nach die gewünschte Größe, und auch die größten waren nicht schwerer zu lenken als ein Drachen. Es drängte sich immer eine Menge Leute um den Zauberer, wie es geschieht, wenn jemand auf dem Markt eine Maschine vorführt, mit der man noch dünnere Spaghetti machen oder Kartoffeln schälen kann, aber nie kaufte jemand einen Kometen, nicht einmal ein ganz kleines Kometlein.

»Wenn es ein Luftballon wäre, dann schon eher«, meinte eine gute Frau, »aber wenn ich meinem Kind einen Kometen kaufe, wer weiß, was es dann Schlimmes anstellt.«

Und der Zauberer sagte: »Habt doch keine Angst! Eure Kinder werden eines Tages auf die Sterne fahren, jetzt müßt ihr anfangen und sie von klein auf daran gewöhnen.«

»Nein, danke. Auf die Sterne sollen die anderen fahren, mein Kind bestimmt nicht.«

»Kometen! Echte Kometen! Wer möchte einen Kometen?«

Aber niemand wollte einen.

Der arme Zauberer, der immer die Mahlzeiten übersprang, weil er keinen Pfennig einnahm, war nur noch Haut und Knochen. Eines Abends, an dem er noch mehr Hunger hatte als sonst, verwandelte er seine Kometenmaschine in ein Laibchen toskanischen Käse und aß es auf.

Der Fischer von Cefalù

Als ein Fischer von Cefalù einmal sein Netz ins Boot zog, merkte er, daß es bleischwer war, und wer weiß, was er darin zu finden glaubte. Aber er fand nur einen winzigen Fisch, der war so lang wie ein kleiner Finger, er packte ihn voll Wut und wollte ihn gerade wieder ins Meer zurückwerfen, als er ein feines Stimmchen vernahm, das sagte:
»Au, drück mich nicht so fest!«
Der Fischer blickte um sich und sah weit und breit niemanden, so hob er den Arm, um den winzigen Fisch wegzuwerfen, doch schon war da wieder das feine Stimmchen:
»Wirf mich nicht weg, wirf mich nicht weg!«
In dem Moment wurde ihm klar, daß die Stimme aus dem Fisch kam, er öffnete ihn also und fand in seinem Inneren ein Kind, das zwar winzig klein war, aber wohlgeformt, es hatte Füße, Hände, ein kleines Gesicht, alles, wie es sich gehört, nur daß es am Rücken zwei Flossen hatte, wie ein Fisch.
»Wer bist du?«
»Ich bin das Meereskind.«
»Und was willst du von mir?«
»Wenn du mich behältst, werde ich dir Glück bringen.«
Der Fischer seufzte:
»Ich habe schon eine Schar Kinder zu ernähren, und ausgerechnet mir muß das Glück

blühen, noch eines durchfüttern zu müssen.«

»Du wirst schon sehen«, sagte das Meereskind.

Der Fischer nahm es mit nach Hause, ließ ihm ein Hemdchen nähen, um die Flossen zu verbergen, und legte es in die Wiege zu seinem Jüngsten, und es nahm mit seiner ganzen Gestalt nicht einmal das halbe Kissen ein.

Aber es aß unheimliche Mengen: mehr als alle Kinder des Fischers zusammen, und das waren sieben, eines hungriger als das andere.

»Das ist mir so ein Glück«, seufzte der Fischer.

»Gehen wir fischen«, sagte am nächsten Morgen das Meereskind mit seinem allerfeinsten Stimmchen.

Sie gingen, und das Meereskind sagte: »Rudere so lange geradeaus, bis ich halt sage. Wir sind schon da. Nun wirf dein Netz aus.«

Der Fischer gehorchte, und als er sein Netz hochzog, sah er, daß es so voll war, wie er es noch nie gesehen hatte, und es waren nur Fische der feinsten Qualität.

Das Meereskind klatschte in die Hände. »Ich hab's dir doch gesagt, ich weiß, wo die Fische sind.«

In kurzer Zeit wurde der Fischer reich, kaufte ein zweites Boot, dann ein drittes, dann viele andere, und alle warfen die Netze für ihn aus, und die Netze füllten sich mit den feinsten Fischen, und der Fischer verdiente so viel Geld, daß er eins von seinen Kindern als Buchhalter ausbilden ließ, damit es das viele Geld zählen konnte.

Als aber der Fischer reich wurde, vergaß er, was er als Armer durchgemacht hatte. Er behandelte seine Seeleute schlecht, bezahlte ihnen wenig, und wenn sie sich beschwerten, entließ er sie.

»Wie sollen wir unsere hungrigen Kinder ernähren?« klagten sie.

»Gebt ihnen doch Steine zu essen«, antwortete er, »ihr werdet sehen, die werden sie schon verdauen.«

Das Meereskind, das alles sah und hörte, sagte eines Abends zu ihm:

»Gib acht, denn was geworden ist, kann auch wieder zu nichts werden.«

Aber der Fischer lachte und hörte nicht darauf. Im Gegenteil, er packte das Meereskind, schloß es in eine große Muschel ein und warf es ins Wasser.

Und wer weiß, wieviel Zeit vergehen muß, ehe sich das Meereskind wieder befreien kann.

Die Verkehrsampel auf dem Domplatz in Mailand machte eines Tages etwas Wunderliches. Alle ihre Lichter färbten sich auf einmal blau, und die Leute wußten nicht mehr, wie sie sich verhalten sollten.

Die blaue Verkehrsampel

»Sollen wir über die Straße gehen oder nicht? Sollen wir stehenbleiben oder nicht?« Aus sämtlichen Augen verbreitete die Ampel in alle Richtungen ein ungewöhnliches blaues Signal, das war so blau, wie der Himmel von Mailand noch nie gewesen war.

In der Erwartung, daraus klug zu werden, veranstalteten die Autofahrer ein Hupkonzert, die Motorradfahrer ließen den Auspuff aufheulen, und die dicksten Fußgänger schrien:

»Sie wissen nicht, wer ich bin!«

Die Witzbolde teilten einige Hiebe aus. »Das Grün hat sich wohl der Herr Direktor unter den Nagel gerissen, um sich ein Haus auf dem Land zu bauen.«

»Das Rot wurde verwendet, um die Fische im Stadtpark ein wenig anzumalen.«

»Und wißt ihr, was mit dem Gelb geschehen ist? Damit wird jetzt das Olivenöl verdünnt.«

Endlich kam ein Verkehrspolizist und stellte sich mitten auf die Kreuzung, um den Verkehr zu entwirren. Ein zweiter Verkehrspolizist suchte den Schaltkasten, um den Schaden zu reparieren, und schaltete den Strom ab.

Bevor die blaue Ampel ausging, konnte sie gerade noch denken:

»Ach, die Armen! Ich hatte ihnen doch das Signal für freie Fahrt zum Himmel gegeben. Wenn sie mich verstanden hätten, könnten sie jetzt alle fliegen. Aber vielleicht haben sie sich nicht getraut.«

Eines Tages beschlossen die Affen im Zoo, eine Bildungsreise zu machen.

Die Reise der Affen

Nachdem sie eine Weile gegangen waren, blieben sie stehen, und einer fragte:

»Was gibt es zu sehen?«

»Den Löwenkäfig, das Seehundebecken und das Giraffenhaus.«

»Wie groß ist doch die Welt und wieviel lernt man auf Reisen.«

Dann gingen sie wieder weiter, und erst am Mittag blieben sie wieder stehen.

»Was gibt es denn jetzt zu sehen?«

»Den Löwenkäfig, das Giraffenhaus und das Seehundebecken.«

»Wie seltsam ist doch die Welt und wieviel lernt man auf Reisen.«

Sie machten sich wieder auf den Weg, und

erst bei Sonnenuntergang blieben sie stehen.

»Was gibt es denn zu sehen?«

»Den Löwenkäfig, das Giraffenhaus und das Seehundebecken.«

»Wie langweilig ist doch die Welt: Immer sieht man dasselbe. Und das Reisen nützt wirklich nichts.«

So reisten und reisten sie zwar, waren aber nie aus ihrem Käfig hinausgekommen.

Einmal setzte sich ein Mann in den Kopf, das Kolosseum von Rom zu stehlen, er wollte es nämlich ganz für sich allein haben und mochte es nicht mehr mit den anderen teilen.

Der Mann, der das Kolosseum stehlen ging

Er nahm eine Tasche, ging zum Kolosseum, wartete, bis der Aufseher wegschaute, füllte seine Tasche keuchend mit alten Steinen und trug sie nach Hause. Am nächsten Tag tat er dasselbe, und jeden Vormittag, außer am Sonntag, ging er zweimal oder auch dreimal hin und zurück, wobei er immer gut aufpaßte, daß ihn die Aufseher nicht erwischten. Am Sonntag ruhte er sich aus und zählte die gestohlenen Steine, die sich im Keller anhäuften.

Als der Keller voll war, begann er den Dachboden zu füllen, und als der Dachboden voll war, versteckte er die Steine unter den Sofas, in den Schränken und im Korb für die schmutzige Wäsche. Als er wieder einmal zum Kolosseum kam, betrachtete er es gründlich von allen Seiten und kam dann bei sich zu diesem Schluß: »Es sieht immer noch gleich aus, aber einen winzigen Unterschied bemerkt man doch. Dort vorne ist es schon ein wenig kleiner.« Und während er sich noch den Schweiß abwischte, kratzte er ein Stückchen Ziegel von einer Treppe, löste ein

Steinchen von einem Bogen und machte seine Tasche voll. Immer wieder gingen begeisterte Touristen an ihm vorbei, denen vor Staunen der Mund offenblieb; und er kicherte vergnügt, wenn auch im verborgenen: »Ihr werdet Augen machen, wenn ihr eines Tages kein Kolosseum mehr seht.«

Wenn er im Tabakladen die bunten Ansichtskarten sah, auf denen das grandiose Amphitheater abgebildet war, wurde er lustig, und er mußte so tun, als würde er sich mit seinem Taschentuch die Nase putzen, um nicht zu zeigen, daß er lachte. »Hihi, die Ansichtskarten. Es wird nicht mehr lange dauern, und ihr müßt euch mit den Ansichtskarten zufriedengeben, wenn ihr das Kolosseum sehen wollt.«

So vergingen Monate und Jahre. Die gestohlenen Steine stapelten sich schon unter dem Bett, füllten die Küche, wo nur noch ein enger Durchgang zwischen dem Gasherd und der Spüle offengeblieben war, sie füllten die Badewanne bis zum Rand und hatten den Flur in einen Schützengraben verwandelt. Aber das Kolosseum stand immer noch an seinem Platz, es fehlte ihm kein einziger Bogen: Und es stand noch so intakt da, wie wenn an seiner Demolierung nur die Beinchen einer Mücke gearbeitet hätten. Der arme Dieb aber wurde älter, und es packte ihn die Verzweiflung. »Sollte ich mich denn verrechnet haben? Vielleicht hätte ich lieber die Kuppel des Petersdoms stehlen sollen? Laß den Mut nicht sinken: Wenn man sich für etwas entschieden hat, muß man durchhalten bis zum Schluß«, dachte er.

Jeder Gang zum Kolosseum kostete ihn nun immer mehr Mühe und Schmerzen. Seine Arme brachen ihm beinahe ab, und seine Hände bluteten, so schwer war jetzt die Tasche. Als er den Tod nahen fühlte, schleppte er sich ein letztes Mal zum Kolosseum, und er schaffte es kaum, Treppe über Treppe bis zur höchsten Plattform hinaufzuklettern. Die untergehende Sonne tauchte die antiken Ruinen in goldenes, purpurnes und violettes Licht, aber der arme alte Mann konnte nichts mehr sehen, weil ihm die Tränen und die Erschöpfung die Augen verschleierten. Er hatte gehofft, allein zu sein, aber es stand schon eine Schar Touristen auf der engen Plattform, die in allen Sprachen vor Begeisterung kreischten. Und da hörte der alte Dieb unter den vielen Stimmen die silberhelle Stimme eines Kindes heraus, das schrie: »Das gehört mir, mir allein!«

Wie falsch, wie häßlich klangen diese Worte dort oben im Angesicht einer solchen Schönheit. Das begriff der alte Mann erst jetzt, und er hätte es dem Kind sagen mögen und hätte ihm beibringen mögen, »uns« zu sagen statt »mir«, aber es schwanden ihm die Kräfte.

Ein Fahrstuhl zu den Sternen

Mit dreizehn wurde Romoletto als Laufbursche in der Bar Italia angestellt. Er hatte die Aufgabe, den Kunden ihre Bestellungen ins Haus zu bringen, und so lief er den ganzen Tag straßauf, straßab und treppauf, treppab, wobei er immer ein Tablett balancierte, das gefährlich mit Kännchen, Tassen und Gläsern beladen war. Am unangenehmsten war ihm das Treppensteigen: In Rom, wie übrigens auch andernorts auf der Welt, wachen die Hausmeisterinnen eifersüchtig über ihre Fahrstühle und verbieten persönlich oder durch Schilder jedem Barkellner, Milchmann, Obsthändler oder ähnlichen den Zutritt.

Eines Morgens wurde in der Bar von der Hausnummer hundertdrei, Wohnung vierzehn, angerufen, man wollte vier Bier und einen eisgekühlten Tee, »aber sofort, oder ich werfe alles aus dem Fenster«, fügte eine mürrische Stimme hinzu; das war der alte Marchese Venanzio, der Schrecken aller Lieferanten.

Der Fahrstuhl von hundertdrei gehörte zu den streng verbotenen, aber Romoletto wußte, wie er der Aufsicht der Hausmeisterin entwischen konnte, die schläfrig in ihrer Loge saß: Ungesehen schlüpfte er in das Gehäuse, steckte die fünf Lire in den Automaten, drückte auf den Knopf zum fünften Stock, und der Fahrstuhl setzte sich ratternd in Bewegung. Da kam der erste Stock, dann der zweite und der dritte. Nach dem vierten Stock aber beschleunigte der Fahrstuhl seine Fahrt, anstatt langsamer zu werden, er flitzte, ohne anzuhalten, am Treppenabsatz des Marchese Venanzio vorbei, und noch ehe Romoletto die Zeit fand, sich zu wundern, lag schon ganz Rom zu seinen Füßen, und der Fahrstuhl stieg mit der Geschwindigkeit einer Rakete in den Himmel, der so blau war, daß er beinahe schwarz aussah.

»Leb wohl, Marchese Venanzio«, murmelte Romoletto mit einem leichten Schaudern. Mit der linken Hand balancierte er immer noch das Tablett mit den Bestellungen, und das war eher zum Lachen, denn rings um den Fahrstuhl lag nun schon in allen vier Himmelsrichtungen der weite interplanetarische Raum, und die Erde drehte sich ganz tief unten im Abgrund des Himmels um sich selber, und mit ihr drehte sich der Marchese Venanzio, der auf vier Bier und einen eisgekühlten Tee wartete.

»So komme ich wenigstens nicht mit leeren Händen bei den Marsmenschen an«, dachte

Romoletto und schloß die Augen. Als er sie wieder öffnete, fuhr der Fahrstuhl schon wieder abwärts, und Romoletto atmete erleichtert auf.

»Der Tee kommt trotz allem noch eisgekühlt an.«

Leider landete der Fahrstuhl im Herzen eines tropischen Urwalds, und als Romoletto durch die Glasscheiben hinausschaute, sah er sich von seltsamen bärtigen Affen umgeben, die in höchster Aufregung alle auf ihn deuteten und mit außerordentlicher Geschwindigkeit in einer unverständlichen Sprache miteinander plauderten. »Vielleicht sind wir nach Afrika geraten«, überlegte Romoletto. Aber da öffnete sich der Kreis der Affen, um eine unerwartete Gestalt durchzulassen: Es war ein Riesenaffe in blauer Uniform, der auf einem überdimensionalen Dreirad saß. »Ein Schutzmann! Mach schnell, Romoletto!«

Und ohne sich lange zu besinnen, drückte der junge Laufbursche der Bar Italia auf einen Knopf des Fahrstuhls, auf den ersten, der ihm unter die Finger kam. Der Fahrstuhl fuhr wieder mit Überschallgeschwindigkeit los, und erst aus einiger Entfernung konnte Romoletto, als er hinunterschaute, erkennen, daß der Planet, von dem er floh, nicht die Erde sein konnte: denn seine Kontinente und seine Meere hatten eine ganz andere Gestalt, und während ihm die Erde vom Weltraum aus immer in einem zarten Himmelblau erschienen war, variierten die Farben dieser Kugel zwischen Grün und Violett.

»Das wird die Venus gewesen sein«, entschied Romoletto, »aber was soll ich dem Marchese Venanzio erzählen?«

Mit den Fingerknöcheln berührte er die Gläser auf seinem Tablett: Sie waren noch so eiskalt, wie er sie aus der Bar getragen hatte. Alles in allem konnten nur wenige Minuten vergangen sein.

Nachdem der Fahrstuhl mit ungeheurer Geschwindigkeit durch einen verlassenen Raum gesaust war, bewegte er sich wieder abwärts. Diesmal gab es für Romoletto keine Zweifel.

»Na so was!« rief er. »Wir landen auf dem Mond. Was soll ich denn hier?«

Die berühmten Mondkrater kamen rasch näher. Die Hand, in der er kein Tablett zu halten hatte, bewegte sich eiligst zu den Knöpfen des Fahrstuhls, aber da befahl er sich:

»Halt, bevor wir auf irgendeinen Knopf drücken, denken wir einen Augenblick nach.«

Er sah die Knopfreihe prüfend an. Auf den untersten war in Rot ein großes E geschrieben, was Erde heißt.

»Probieren wir's!« seufzte Romoletto.

Er drückte auf den Knopf des Erdgeschosses, und der Fahrstuhl änderte sofort seine Richtung. Einige Minuten später flog er über den Himmel von Rom, das Dach von hundertdrei, hinein ins Treppenhaus und erreichte den Erdboden neben der schon bekannten Hausmeisterin, die von dem interplanetarischen Drama keinerlei Ahnung hatte und immer noch vor sich hin döste.

Romoletto stürzte hinaus, ohne sich umzudrehen, um die Tür zu schließen. Diesmal ging er die Treppe zu Fuß hoch. Er klopfte an der Tür von vierzehn und hörte sich mit gesenktem Kopf, ohne ein Wort zu sagen, die Beschwerde des Marchese Venanzio an. »Wo bist du denn die ganze Zeit gewesen? Weißt du eigentlich, daß ganze vierzehn Minuten vergangen sind, seitdem ich dies verdammte Bier und den verdammten eisgekühlten Tee bei euch bestellt habe? Gagarin wäre an deiner Stelle schon längst auf dem Mond angekommen.«

»Und noch weiter« dachte Romoletto, machte aber seinen Mund nicht auf. Und zum Glück waren die Getränke noch wunderbar gekühlt.

Na, er muß nicht wenig herumlaufen, wenn der Tag lang ist, der Laufbursche der Bar Italia, der sich um die Zustellungen ins Haus zu kümmern hat...

Die Flucht Pulcinellas

Pulcinella war die unruhigste Marionette des ganzen alten Puppentheaters. Er hatte immer etwas zu meckern, entweder weil er um die Zeit der Aufführung lieber auf Achse gewesen wäre oder weil ihm der Puppenspieler eine komische Rolle gegeben hatte, während er lieber eine dramatische Rolle gespielt hätte.

»Eines Tages werde ich abhauen«, sagte er im Vertrauen zu Arlecchino. Und das machte er auch, aber nicht am Tag. Eines Nachts ergatterte er eine Schere, die der Puppenspieler liegengelassen hatte, schnitt einen Faden nach dem anderen durch, die ihm seinen Kopf, seine Hände und seine Füße fesselten, und sagte zu Arlecchino:

»Komm doch mit!«

Doch Arlecchino wollte sich auf keinen Fall von Colombina trennen, und Pulcinella hatte nicht die Absicht, auch diese Zimperliese mitzunehmen, die ihm schon im Theater hunderttausend Streiche gespielt hatte.

»Dann gehe ich allein«, beschloß er. Mutig warf er sich auf die Erde, nahm die Beine unter den Arm und nichts wie weg.

»Wie herrlich«, dachte er beim Laufen, »jetzt werde ich nicht mehr überall von den verdammten Fäden gezogen. Wie herrlich, jetzt kann ich meinen Fuß genau da hinsetzen, wo ich will.«

Die Welt ist für eine alleinstehende Marionette groß und schrecklich und insbesondere nachts von grausamen Katzen bewohnt, die alles, was davonläuft, sofort für eine Maus halten und Jagd darauf machen. Pulcinella konnte die Katzen davon überzeugen, daß sie es mit einem echten Künstler zu tun hatten, aber vorsichtshalber flüchtete er sich in einen Garten, duckte sich an einem Mäuerchen zusammen und schlief ein.

Als die Sonne aufging, erwachte er und hatte Hunger. Aber um ihn herum waren, so weit das Auge reichte, nichts als Nelken, Tulpen, Zinnien und Hortensien.

»Was soll's«, sagte sich Pulcinella, pflückte eine Nelke und begann nicht ohne Mißtrauen an ihren Blütenblättern zu knabbern. Es war nicht dasselbe, wie wenn man ein Kotelett oder ein Fischfilet aß, die Blumen haben viel Duft und wenig Geschmack. Aber das war für Pulcinella der Geschmack der Freiheit, und beim zweiten Bissen war er schon überzeugt, daß er niemals etwas Feineres gegessen hatte. Er beschloß, für immer in diesem Garten zu bleiben, und das machte er auch. Er schlief im Schutz eines großen Magnolienbaumes, dessen harte Blätter weder Regen noch Hagel fürchteten, und er ernährte sich von Blumen: heute eine Nelke, morgen eine Rose. Pulcinella träumte von Spaghettibergen und von einer weiten Ebene aus Mozzarella, aber er gab nicht auf. Klapperdürr war er geworden, aber er roch so gut, daß sich manchmal die Bienen auf ihn setzten, um Nektar zu schlürfen, und enttäuscht davonflogen, nachdem sie vergeblich versucht hatten, mit ihrem Stachel in seinen Holzkopf zu stechen.

Dann kam der Winter, der verblühte Garten wartete auf den ersten Schnee, und die arme Marionette hatte nichts mehr zu essen. Sie hätte sich auch nicht wieder auf die Reise machen können, denn ihre armen Holzbeine hätten sie nicht mehr weit getragen.

»Was soll's«, sagte sich Pulcinella, »ich werde hier sterben. Das ist kein häßlicher Platz zum Sterben. Außerdem sterbe ich in Freiheit, niemand wird einen Faden an meinen Kopf binden können, um mich ja oder nein sagen zu lassen.«

Der erste Schnee begrub ihn unter einer weichen weißen Decke.

Im Frühling wuchs genau an der Stelle eine Nelke. Unter der Erde dachte Pulcinella ruhig und glücklich: »Nun ist eine Blume aus meinem Kopf herausgewachsen. Gibt es jemanden, der glücklicher ist als ich?«

Aber er war nicht gestorben, weil Marionetten nicht sterben können. Er liegt immer noch dort unten, und niemand weiß es. Wenn ihr ihn finden solltet, knüpft keinen Faden an seinen Kopf.

Neulich habe ich einen alten Maurer im Altersheim besucht. Wir hatten uns viele, viele Jahre nicht mehr gesehen.

Häuser bauen »Hast du Reisen gemacht?« fragt er mich.

»Ja, ich war in Paris.«

»Da bin ich auch gewesen, ist schon viele Jahre her. Wir bauten einen schönen Palast direkt am Ufer der Seine. Wer weiß, wer jetzt dort wohnt. Und wo bist du noch gewesen?«

»Ich war in Amerika.«

»Da bin ich auch gewesen, ist schon viele Jahre her, wer weiß, wie viele. Ich war in

New York, in Buenos Aires, in São Paulo und in Montevideo. Immer Häuser und Paläste gebaut und Fahnen auf die Dächer gepflanzt. Bist du auch in Australien gewesen?«

»Nein, noch nicht.«

»Ich schon. Damals war ich noch jung und machte noch keine Mauern, ich trug den Eimer mit dem Mörtel und siebte den Sand. Wir bauten ein Haus für einen Herrn dort unten. Ein guter Herr. Ich erinnere mich noch, daß er mich einmal gefragt hat, wie man Spaghetti kocht, und er schrieb sich alles auf, was ich sagte. Und in Berlin, warst du da schon?«

»Noch nicht.«

»Ich schon, da warst du noch nicht auf der Welt. Schöne Paläste haben wir gebaut, schöne solide Häuser. Wer weiß, ob sie noch stehen. Und warst du in Algier? Warst du in Kairo, in Ägypten?«

»Dorthin möchte ich ausgerechnet im kommenden Sommer fahren.«

»Und du wirst überall schöne Häuser sehen. Ich will mich nicht loben, aber meine Mauern sind immer kerzengerade hochgewachsen, und durch meine Dächer ist noch nie ein Tropfen Wasser durchgedrungen.«

»Sie haben allerhand Häuser gebaut ...«

»Eins da und eins dort, ich will mich nicht loben, überall auf der Welt.«

»Und Sie?«

»Ich habe immer Häuser für die anderen gebaut, aber ich selbst habe keins. Ich wohne hier im Altersheim, siehst du? Das ist der Lauf der Welt.«

»Es war einmal ein kleines Mädchen, das hieß Gelbkäppchen.«

»Nein, Rotkäppchen!«

Die falsch erzählte Geschichte

»Ach ja, Rotkäppchen. Seine Mutter rief es und sagte zu ihm: Hör mal, Grünkäppchen...«

»Aber nein, Rotkäppchen!«

»Ach ja, Rotkäppchen. Geh zu Tante Diomira und bring ihr diese Kartoffelschalen.«

»Nein: Da hast du ein Stück Kuchen und eine Flasche Wein, bring es der Großmutter.«

»Schon gut. Das Mädchen ging in den Wald und begegnete einer Giraffe.«

»Du bringst alles durcheinander! Es begegnete dem Wolf, keiner Giraffe.«

»Und der Wolf fragte: Wieviel ist sechs mal acht?«

»Gar nicht wahr! Der Wolf fragte: Wo hinaus so früh?«

»Du hast recht. Und Schwarzkäppchen antwortete...«

»Es war Rotkäppchen, rot, rot, rot!«

»Ja, und es antwortete: Ich gehe auf den Markt, um Tomatensoße zu kaufen.«

»Nicht im Traum: Zur Großmutter, sie ist krank und schwach, aber ich weiß den Weg nicht mehr.«

»Richtig. Da sagte das Pferd...«

»Was für ein Pferd? Es war doch ein Wolf.«

»Klar. Und er sagte: Du fährst mit der Linie fünfundsiebzig, steigst am Domplatz aus, biegst rechts ab, dann wirst du drei Stufen und ein Geldstück auf dem Boden finden, laß die drei Stufen stehen, heb das Geldstück auf und kauf dir einen Kaugummi.«

»Großvater, du kannst wirklich keine Geschichten erzählen, du erzählst alles falsch. Aber einen Kaugummi kaufst du mir trotzdem.«

»Schon gut: Da hast du das Geld.« Und Großvater las wieder seine Zeitung.

Es war einmal ein Nichtsmännchen. Es hatte eine Nichtsnase, einen Nichtsmund, es trug einen Nichtsanzug, und an den Füßen hatte es Nichtsschuhe.

Das Nichtsmännchen

Es begann seinen Weg auf einer Nichtsstraße, die nirgends hinführte. Es begegnete einer Nichtsmaus und fragte sie: »Hast du keine Angst vor der Katze?«

»Nein, wo denkst du hin«, antwortete die Nichtsmaus, »in diesem Nichtsland gibt es nur Nichtskatzen, die haben Nichtsschnurrbärte und Nichtskrallen. Außerdem habe ich Respekt vor dem Käse. Ich fresse nur die Löcher. Die schmecken nach nichts, sind aber süß.«

»Mir schwirrt der Kopf«, sagte das Nichtsmännchen.

»Du hast einen Nichtskopf: Auch wenn du damit gegen eine Wand rennst, tust du dir nicht weh.«

Das wollte das Nichtsmännchen ausprobieren und suchte eine Wand, um mit dem Kopf dagegenzurennen, aber es fand eine Nichtswand, und da es einen zu großen Anlauf genommen hatte, fiel es hinüber auf die andere Seite. Aber auch dort drüben war nichts und wieder nichts.

Das Nichtsmännchen war so müde von dem vielen Nichts, daß es einschlief. Und im Schlaf träumte ihm, daß es ein Nichtsmännchen war und auf einer Nichtsstraße ging und einer Nichtsmaus begegnete und daß es selbst auch die Löcher im Käse aß, und die Nichtsmaus hatte recht: Die schmeckten wirklich nach gar nichts.

Geschichten

Ein junger Mann aus Verona wollte ein Perlhuhn heiraten. Eigentlich sollten die jungen
Männer aus Verona Romeo heißen, aber
dieser hier hieß Romano, was
zwar nicht sehr anders klingt, **Eine Liebe in Verona**
aber doch etwas anderes ist. Eigentlich müß-
ten sie (immer noch die jungen Männer von
Verona) wie wahnsinnig nur Mädchen na-
mens Julia lieben, aber dieser hier liebte, wie
ich schon sagte, ein Perlhuhn. Und das hat
sich folgendermaßen zugetragen. Der junge
Romano wohnte am Stadtrand, fast schon
ein wenig auf dem Land, da er aber ein
sportlicher Typ und Leichtathletik-Amateur
war, ging er jeden Morgen zu Fuß die drei
Kilometer bis zur Stadtmitte, wo er als
Angestellter bei einer Versicherungsgesell-
schaft arbeitete. Unterwegs kam er am Hühnerstall des Adalgiso Passalacqua di Stallavena, Adalgiso vom Wasserdurchlaß und
zur Stallader, eines heruntergekommenen
Adeligen, vorbei, der zwar ziemlich her-
untergekommen war, aber immer noch in
einem schönen Besitz an der Hauptstraße
wohnte, wo er in einem eigens dafür vorge-
sehenen Hof Hühner aller Rassen züchtete
und stets einen weißen Hahn und einen
schwarzen Hahn hielt. Der Graf von Stallavena glaubte nämlich wie die alten Germa-
nen an die Sage, die Pforte zum Paradies
würde von einem weißen Hahn bewacht
und die zur Hölle von einem schwarzen
Hahn. Das wußte er von seiner deutschen
Großmutter. In Ordnung, aber warum hielt
er beide Hähne? Dachte er vielleicht, er
würde sich nach seinem Tod spalten so wie
Calvinos Visconte, und ein Teil würde in die
Hölle hinab- und der andere ins Paradies
hinaufkommen? Hatte er seinen Fuß in zwei
Schuhen? Man weiß es nicht. Ein Men-
schenherz hat seine Geheimnisse.

Auf seinem Weg ins Büro blieb der junge Romano oftmals stehen, um den beiden Hähnen zuzusehen und über den zweifelhaften Sinn ihrer gleichzeitigen Anwesenheit nachzugrübeln. Bei seinen Beobachtungen leistete ihm bisweilen ein Nachbar des Grafen Gesellschaft, ein Geheimrat in Ruhestand, der ausschließlich Truthähne hielt. »Sehen Sie?« erklärte er seinem Gesprächspartner. »Der Graf ist immer unentschlossen und weiß nicht genau, was er vom Leben eigentlich will. Außerdem hat er einen unbeständigen Charakter, und sein Gemütszustand wechselt immerfort. Wenn er optimistisch ist, schaut er gern auf den weißen Hahn, und wenn er pessimistisch ist, ruhen seine Blicke traurig auf dem schwarzen. Wenn ich einmal Geld übrig habe, werde ich ihm unverhofft einen roten Hahn schenken, um ihn aus der Fassung zu bringen.«

Romano hörte zu und lernte. Er wußte nun schon fast alles über die Hühner. Aber er wußte noch immer nicht genug, um nicht zu staunen, als eines Morgens im Hühnerstall des Grafen Stallavena ein Flügeltier erschien, das wie ein Huhn aussah, aber auch wie etwas ganz anderes. Das graue Gefieder der Halspartie, das grauschwarze, weißgetupfte der unteren Partien, der bräunliche Ton der Flügelfedern; sein großer fester Knochenhelm; die hohe Brust und der Nacken in fleckenlosem Lila; die dunkelbraunen Augen; der rotgelbe Schnabel; die schiefergrauen Füße, mit anderen Worten, alles an diesem ungewohnten huhnähnlichen Vogel erschien ihm im höchsten Grad bewundernswert.

»Was für ein Tier ist das?« fragte er den Geheimrat, der an seine Seite getreten war, neugierig geworden, weil er ihn so lange verweilen sah.

»Das? Man merkt, daß Sie trotz allem nichts mit Hühnerhaltung zu tun haben und nicht Zoologie studieren, sonst hätten Sie dieses Huhn der numidischen Rasse auf den ersten Blick erkannt.«

»Das heißt?«

»Die Numida meleagris. Oder eben das Perlhuhn.«

»Ein schönes Geschöpf, ein sehr schönes Geschöpf.«

»Und vorzüglich im Tontopf. Zuerst säubern und waschen. Dann mit einem Tuch abtrocknen und in Stücke schneiden, diese sofort mit Öl einreiben, salzen und pfeffern. Um jedes Stück eine Scheibe rohen Schinken wickeln, am besten Parma oder San Daniele. Nun setze man das Perlhuhn wieder zusammen und in seine Mitte, wo das Herz war, eine Knoblauchzehe, ein Zweiglein Rosmarin und einige Salbeiblättchen. Alles in Alufolie wickeln und in einen Tontopf legen, den man vorher, wie es richtig und gesund ist, innen und außen – ja, man beachte, auch außen – mit Knoblauch abgerieben hat. Zwei Stunden im Rohr braten. Das Perlhuhn im Tontopf servieren und...«

»Nein, niemals.«

»Warum nicht? Wissen Sie, daß dazu die größten Liebhaber des Perlhuhns raten? Warum also nicht?«

Aber der junge Romano entfernte sich, ohne zu antworten. Er war erschüttert. Das Bild der Numida meleagris war durch seine Augen und den gesamten Apparat der visuellen Wahrnehmung bis in sein Herz gedrungen, wo zu seinem Glück oder zu seinem Unglück nicht ein paar Knoblauchzehen ihren Wohnsitz hatten, sondern starke und edle Gefühle. Kurz gesagt, er hatte sich in die schöne Numida meleagris verliebt (er war Feuer und Flamme, aber nicht für den Tontopf). In diesem Augenblick erfuhr sein Leben eine umwälzende Veränderung.

Oh, wie viele Male ging er an den folgenden Tagen immer wieder am Hühnerstall des Grafen Stallavena vorbei, um seiner Schönen leidenschaftliche Blicke zuzuwerfen, die alle diese Blicke auf den Boden fallen ließ und auch nicht einen aufhob, denn sie war damit beschäftigt, in aller Ruhe ihr Futter aufzupicken oder auf Wurmjagd zu gehen. Der Geheimrat, der den jungen Verliebten kommen und gehen sah und sich alles notierte, traute seinen Augen nicht. »Heute siebenmal. Und wenn ich nicht jedesmal ein Kreuzchen in meinen Kalender, ein Geschenk der Städtischen Sparkasse, gemacht hätte, würde ich es nicht glauben.«

Aber bald bekam der gute Geheimrat Gelegenheit, noch viel mehr zu staunen. Eines Nachts weckte ihn der Klang einer Violine, aus der ein wohl geübter Bogen die Noten der berühmten Serenade Schuberts hervorlockte. Vor Neugierde und von dem Wunsch beseelt, dem unbekannten Geiger Beifall zu klatschen, der den alten, heute allzusehr vernachlässigten Brauch, den schönen Mädchen ein Ständchen darzubringen, wiederaufleben ließ, trat der Geheimrat ans Fenster und sah – mit der Unterstützung des Vollmonds – den jungen Romano, der vor dem Hühnerstall des Grafen Stallavena sein süßes Ständchen spielte. Der Geheimrat zog sich zurück, um den seltsamen Verliebten nicht durch seine Anwesenheit zu kränken. Am nächsten Tag jedoch konnte er seine Frage nicht mehr zurückhalten: »Haben Sie zufällig bei irgendeinem französischen Maestro Violinunterricht genommen? Ich bewundere ihren weichen Strich…«

Romano sah ihn schreckerfüllt an. Aber das ehrliche Gesicht des Geheimrats bewog ihn, diesem unter Schluchzen sein Herz auszuschütten. »Herr Geheimrat, ich kann es Ihnen nicht mehr verbergen. Ich habe mich in die Numida meleagris verliebt. Ohne sie hat mein Leben keinen Sinn mehr. Ich bitte Sie, legen Sie ein gutes Wort für mich ein, beim Herrn Grafen, ich würde mich nie an ihn heranwagen. Sagen Sie ihm, daß ich ernste Absichten habe.«

»Ah, heiraten möchten Sie...«

»Ja, sie oder keine. Wenn ich sie nicht zu meiner Frau machen kann, ziehe ich mich für den Rest meiner Tage in ein Kloster zurück.«

Der Geheimrat tat sein Bestes, um den niedergeschlagenen jungen Mann zu trösten, und er verpflichtete sich, ihm zu helfen, so gut er konnte, obwohl er noch nie als Heiratsvermittler aufgetreten war.

Aber der Graf war unbeugsam.

»Mein Perlhuhn, meine Numida, soll ich diesem Hungerleider geben? Diesem kleinen Angestellten mit seinem lächerlichen Gehalt, trotz aller Zulagen? Wie will er sie überhaupt ernähren? Daß ich nicht lache.«

»Aber Herr Graf«, sagte der Geheimrat, »sehr viele ordentliche junge Leute heiraten mit weitaus weniger. Eine Anstellung bei einer Versicherung ist in diesen Zeiten und bei dem, was der Parmesankäse kostet, durchaus nicht zu verachten. Schließlich ist ja Ihr Huhn...«

»Meine Henne ist von edlem Geblüt. Sie stammt als Numida von den Pharaonen ab und lebt im Haus eines Grafen, ist also beinahe eine Gräfin. Ich möchte einen ebenbürtigen Gemahl für sie. Und dies, lieber Geheimrat, seien Sie mir nicht böse, ist mein letztes Wort.«

In der darauffolgenden Nacht aber wurde der Graf Adalgiso Passalacqua di Stallavena vom Klang einer Violine geweckt; die spielte ganz allein das *Vivace assai* des Quartetts Opus 33, Nummer 5 von Haydn, das mit der berühmten musikalischen Folge der vier Noten beginnt, aus der alle Zuhörer die vier Worte: *How do you do?*, das heißt: *Wie geht es dir?*, heraushören. Man muß wissen, daß auch Graf Adalgisa in seiner Jugend Violine gespielt und sich bei den Ständchen, die er seiner Schönen darbrachte, viele Nächte hintereinander ausgerechnet dieses Stücks bedient hatte, um sich nach ihrer Gesundheit zu erkundigen: »*How do you do?*« Vor Überraschung und Ergriffenheit trat er vorsichtig ans Fenster und erkannte den jungen Romano, der nun sogar mit einem frenetischen Capriccio von Paganini begonnen hatte.

»Sieh mal«, sagte der Graf lächelnd zu sich, »der junge Liebhaber läßt nicht locker. Eigentlich verdient er die Hand, sagen wir ruhig den Kratzfuß meiner pharaonischen Henne nicht, aber eine so raffinierte musikalische Werbung darf nicht unerhört bleiben. Welch vorzüglicher Strich!«

»Junger Mann!« rief der Graf vom Fenster hinunter.

»Meinen Sie mich?« stammelte Romano.

»Soll ich vielleicht mit den Fischen in der Etsch sprechen? Wo haben Sie denn das Violinspielen gelernt?«

»Ach, Herr Graf, was soll ich sagen, ein wenig in der Küche, ein wenig im Schlafzimmer, wenn ich nichts zu tun habe, statt Kreuzworträtsel zu lösen.«

Et cetera, et cetera. Es wäre unnütz, die ganze Unterhaltung wiederzugeben.

Deren Kern ohnehin vom Grafen Stallavena kurz und bündig zusammengefaßt wurde, als er am Ende sagte: »Junger Mann, ich habe nichts dagegen, mit Ihnen verwandt zu werden. Aber hören wir, was die Betroffene dazu sagt. Denn obwohl ich dem alten Adel angehöre, glaube ich nicht an den Nutzen von Ehen, die hinter dem Rücken der Jugend beschlossen werden.«

Das Perlhuhn, das am Nachmittag des darauffolgenden Tages gerufen wurde, hatte nichts gegen den Antrag einzuwenden. Auf die beharrlichen Fragen des Grafen antwortete es, indem es mit seinem rotgelben Schnabel weiterhin das Futter aufpickte und umsichtig einen Fuß vor den anderen setzte und durch einen kleinen eleganten Ruck seines Kopfes den Takt dazu schlug. Mit anderen Worten, es schwieg. Daraus schloß der Graf unter der begeisterten Billigung des jungen Romano: »Wer schweigt, ist einverstanden. Wann soll die Hochzeit sein?«

»Nächsten Samstag würde es mir passen, weil ich samstags frei habe.«

»Gut, so soll es sein.«

Die Neuigkeit verbreitete sich in der ganzen Nachbarschaft und zum Teil auch in der Stadtmitte von Verona, mit widersprüchlicher Wirkung. Manche freuten sich aufrichtig über das Glück des jungen Romano, der nun in eines der ältesten Patrizierhäuser der Stadt einheiratete, das schon seit den Zeiten Theoderichs für seine Hühnerzucht berühmt war. Andere wieder sagten, der junge Mann gebe sich achtlos weg, denn er hätte es verdient, ein schönes Mädchen menschlicher Rasse zu heiraten, von denen es in Verona mehr als siebentausend gebe, während man das Perlhuhn gewiß nicht schön nennen könne und es außerdem einige Jährchen zu alt sei, obschon beinahe eine Gräfin. Es gab auch welche, die protestierten. Ein Herr schrieb einen Brief an die Zeitung, der so begann: »Sehr geehrter Herr, wohin soll das führen?«

Der junge Mann lebte allein, weil er Waise war. Er hatte einen Onkel und eine Tante in Rovigo, die er benachrichtigte und zur Hochzeit einlud, aber sie antworteten nicht einmal, um die Ausgabe für das Geschenk zu vermeiden. Da lud der junge Mann alle seine Freunde, seine Kolleginnen und Kollegen aus dem Büro, den Geheimrat und seine Frau ein und bekam alle üblichen Geschenke: ein Kaffeeservice, einen Aschenbecher mit der Form von Manzonis »*Verlobten*«, ein Händchen aus Elfenbein, mit dem man sich den Rücken kratzen konnte, und derlei Dinge mehr. Graf Adalgiso lud niemanden ein, denn, so sagte er, von seiten der Braut sei er allein genug. Er schenkte dem jungen Paar eine Photographie seines weißen Hahns und bekam dafür von Romano herzlichen Dank gesagt, während die Braut, nachdem sie versucht hatte, das Glas und den Rahmen aufzupicken, kein Wort sagte. Es war nicht leicht, sie aus ihrer Ruhe und Fassung zu bringen.

Nicht einmal, um auf die rituelle Frage des Bürgermeisters mit »Ja« zu antworten, durchbrach sie ihre königliche Zurückhaltung.

»Wer schweigt, ist einverstanden«, bemerkte Graf Stallavena. Und alle Anwesenden dachten dasselbe aus Respekt vor den alten Sprichwörtern und aus Angst, des Mahls verlustig zu gehen, das ein echter Erfolg war: sieben Gänge nur Fisch, ohne einen einzigen Bissen Fleisch, um auch die entfernteste Anspielung zu vermeiden. Der Geheimrat erinnerte sich nur insgeheim an das Rezept, das er ohne Hintergedanken dem jungen Romano empfohlen hatte: »Zuerst säubern und waschen. Dann mit einem Tuch abtrocknen und in Stücke schneiden...«

Brrr...

Aber nun zum feierlichsten und schönsten Augenblick: Die Torte wird gebracht. Für sie hatte der junge Romano alles investiert, was von seinen Ersparnissen noch übriggeblieben war, denn die Braut sollte eine so monumentale Torte haben, wie man sie in Verona noch nie gesehen hatte, obschon es dort viele historische Monumente gibt. Bei ihrer Herstellung hatten ein berühmter Konditor und ein mit dem Bräutigam befreundeter Bildhauer zusammengearbeitet, letzterer gratis. Sie hatte, wie vorgeschrieben, viele Stockwerke, und jedes Stockwerk war mit der Reproduktion eines Denkmals von Verona geschmückt, das in den verschiedensten Materialien der Konditorskunst ausgeführt war: erster Stock die Scaligerbrücke beim Castelvecchio; zweiter Stock San Zeno; dritter Stock der Palazzo della Ragione; vierter Stock die Scaligergräber; fünfter Stock das Haus der Julia und so weiter bis hinauf zum höchsten Stockwerk, wo sich die weltberühmte Arena von Verona, der Tempel der Oper und des Belcanto, befand. Mitten in der Arena standen die herkömmlichen kleinen Figuren des Brautpaars, natürlich mit einer Variante: Anstelle der gewohnten kleinen Braut in Weiß stand neben dem kleinen Bräutigam in Schwarz ein Perlhuhn, klein, aber genau nachgebildet, alle Federn in Miniatur, die Farben am richtigen Platz, ein Meisterwerk des Bildhauers, der drei Abende nacheinander daran gearbeitet und eine Lupe zu Hilfe genommen hatte. Ein Schmuckstück. Ein *bijou*.

Der Beifall war ebenso rauschend wie in der Arena, wenn der Tenor oder der Sopran mit einem hohen C schließen. Kaskaden, Lawinen von Beifall. Und bei diesem festlichen Lärm schüttelte das Perlhuhn endlich seine Zurückhaltung ab und bewegte seine Flügel, als wollte es mitklatschen, und setzte sich nach einem kurzen Flug ganz oben auf die Torte mitten in die Arena. Und dann heißt es, die Tiere würden nichts verstehen. Die Henne begann, stolz um sich blickend, probeweise einige Male »*gaga gaga*« zu machen, beinahe als wollte sie sich räuspern, dann verstummte sie und auch in dem großen Saal verstummten alle. Einige Augenblicke blieb sie still, aber irgendwie geschäftig und konzentriert, und schließlich ließ sie aus vollem Hals triumphierend und mit sich selbst zufrieden ein langes, wiederholtes »*Gagaga, gagaga*« trompetengleich erschallen.

»Sie hat ein Ei gelegt«, schrie als erster der Geheimrat, der sich auf dem Gebiet auskannte.

»Ein Ei, ein Ei, sie hat ein Ei gelegt«, sagten begeistert die Gäste immer wieder zueinander.

Viele beeilten sich, den jungen Romano zu beglückwünschen, der verwirrt errötete. »Sie Glücklicher! Bei dieser Frau wird Ihnen in Zukunft nie mehr das Frühstücksei fehlen!«

Aber die Henne hatte noch nicht ihr ganzes Programm hinter sich gebracht. Schon flatterte sie von der Torte herunter. Bei jedem Schlag ihrer Flügel spritzt es nach allen Seiten Sahne, Schokolade, kandierte Kirschen, die Bögen der Scaligerbrücke, romanische Fragmente der Zeno-Kathedrale. Entschieden setzt sich das Perlhuhn auf den Teller des jungen Romano, und dort hinterläßt es etwas Kleines, ein Ding, das man früher, um kein unflätiges Wort gebrauchen zu müssen, durch »sie hat ein Würstchen gemacht« ausdrückte. Und da applaudierten, wer weiß warum, nur einige Feministinnen.

Ein Herr aus Spilamberto hatte beim Schlafen ein Auge geschlossen und das andere offen. Warum? Aus verschiedenen Gründen, die betrafen: die Einbrecher, seine Frau und seine Kinder.

Schon seit einiger Zeit hatten es die Einbrecher auf sein Haus abgesehen, das ein wenig einsam dastand und so viele Fenster und Türen hatte, daß man leicht beim Schließen ein Fenster oder eine Tür vergessen konnte. Große Einbrecher waren es wohl nicht, denn sonst hätten sie sich nicht auf einen einfachen Tierarzt versteift, denn das war der oben genannte Herr, der Ottavio hieß. Diese Einbrecher waren aber hartnäckige Wiederholungstäter. Offenbar hatten sie das Haus liebgewonnen. Sie kamen und gingen zweimal im halben Jahr. Wenn sie nichts anderes fanden, stahlen sie – besser als nichts – den Körperpuder im Bad oder eine Schachtel Pulver für den Geschirrspüler in der Küche. Bei anderen, glücklicheren Gelegenheiten hatten sie gestohlen: ein Nudelsieb, eine Perlenkette, einen Wecker, einen Wertpapiercoupon und einen gewöhnlichen Warencoupon. Signor Ottavio hielt es nun für notwendig, sie systematisch im Auge zu behalten, auch in den Nachtstunden, wenigstens mit einem Auge, damit er das andere dem erquickenden Schlaf vorbehalten konnte.

Signor Ottavios Frau, die Norma hieß, war eine Schlafwandlerin. Wenn ihr Mann nachts aufwachte und sie nicht mehr im Bett fand, sprang er auf und ging auf die Suche nach ihr. Signora Norma gefielen besonders die hochgelegenen Orte, sie lustwandelte auf den Dachrinnen, über das Dach des Hühnerstalls, auf dem Ast einer Zeder, den sie erreichte, indem sie durch eines der hundert Fenster des Hauses sprang, dabei hatte sie immer ihre Arme nach vorn gestreckt und die Handflächen nach oben gekehrt, eben die typische Haltung der Schlafwandlerinnen. Einmal kletterte sie sogar auf die Mauer, die oben mit spitzen Scherben alter Flaschen gespickt war und die Signor Ottavio eigens um seine Villa hatte herumbauen lassen, um den Einbrechern ein Hindernis in den Weg zu legen. Um ihr beim Heruntersteigen zu helfen und zu vermeiden, daß sie sich beim Fallen den Hals brach, war Signor Ottavio ständig zu akrobatischen Leistungen gezwungen, auf die er durch das Studium der Tiermedizin absolut nicht vorbereitet war. Beim Nachdenken über sein Geschick hatte er am Ende beschlossen, nur mehr mit einem Auge zu schlafen, um mit dem anderen über den Schlaf seiner Frau zu wachen und sofort eingreifen zu können, sobald sie einen Anfall ihrer Schlafwandlerei bekam.

Die beiden, Signor Ottavio und Signora Norma, hatten drei Kinder im Alter zwischen sechzehn und zweiundzwanzig, sie hießen Riccardo, Tiziana und Diego. Das ist aber nicht so wichtig wie die Tatsache, daß sie den Abend und womöglich auch noch einige Stunden der Nacht mit ihren Freunden zu verbringen beliebten und spät nach Hause kamen, auf Zehenspitzen, damit ihre Eltern nichts hörten. Aber gerade das beunruhigte Signor Ottavio doppelt, denn so fiel es ihm schwer, den Schritt Riccardos von dem eines Hühnerdiebs zu unterscheiden, den Schritt Tizianas von dem eines Diamantendiebs und den Schritt Diegos von dem eines Diebes, der elektrische Küchengeräte stahl. Das bedeutete für ihn, daß er ununterbrochen hochfuhr, lauerte und sich wieder hinlegte, um wieder hochzuschnellen wie ein Heuhüpfer. Außerdem billigte er es nicht, daß seine Kinder allabendlich auszugehen pflegten, und es freute ihn, wenn er morgens beim Frühstück dieser seiner Mißbilligung Ausdruck geben konnte, indem er Gespräche provozierte, die so begannen: »Diego ist gestern abend um zwanzig Uhr fünfund-fünfzig nach Hause gekommen, Tiziana um Viertel nach Mitternacht, Riccardo um zwei Uhr siebenundzwanzig.«

»Mensch, Papa, das ist Präzisionsarbeit! Schläfst du denn nie?«

»Ich schlafe nur mit einem Auge«, konnte Signor Ottavio eines Tages mit berechtigtem Stolz sagen. Seine Kinder lachten, denn sie verwechselten sein Geständnis mit einer witzigen Bemerkung. Sie wußten nicht, daß sich ihr Vater dies auch angewöhnt hatte, um bei seinem morgendlichen Protest präzis sein zu können.

Wie aber schaffte es Signor Ottavio, mit einem Auge zu schlafen, während das ande-re wach, wachsam und immer offen blieb? Es war durchaus nicht leicht zu erlernen gewesen, die zwei Augen zu trainieren, daß sie unabhängig voneinander funktionierten, und die zwei Hälften des Gehirns, daß sie sich beim Kommando des Wachens und des Schlafens abwechselten.

Signor Ottavio hatte sein Training damit begonnen, daß er nur mit einem Auge las, nachdem er das andere mit einer Binde, einem Pflaster, der Hälfte einer Sonnenbrille zugedeckt hatte. Die zweite Übung bestand darin, das Fernsehen mit dem rechten Auge anzusehen, während das linke abgeschirmt war, unempfindlich selbst bei den hitzigsten Ratespielen, bei dem engagiertesten Wett-streit italienischer und europäischer Städte, bei denen Mannschaften schöner Mädchen junge Landsmänner, Plastikbälle oder fri-sche Eier in Schubkarren herumfahren mußten, ohne etwas oder jemanden zu verlieren. Wenn Signora Norma ihren Mann manchmal bei seinen Übungen ertappte, fragte sie besorgt: »Tun dir die Augen weh? Soll ich dir einen Kamillentee machen? Oder eine heiße Limonade?«

»Nein, nein! Aber diese Sendung ist so blöd, daß es schon zuviel ist, wenn man sie mit einem Auge anschaut.«

»Gestern hab ich dich mit einem Taschentuch über dem rechten Auge lesen sehen. War es ein blödes Buch?«

Signor Ottavio brummte etwas, beschloß aber doch, besser aufzupassen. Er stand zum Beispiel morgens sehr früh auf und ging zum Footing auf die Reitbahn. Dort konnte er mit einer Augenbinde laufen, und niemand merkte etwas, weil alle mit ihrem Footing beschäftigt waren, entweder um abzunehmen oder die Arteriosklerose zu bekämpfen oder für die *Marcia Longa* zu trainieren.

Nachdem Signor Ottavio sich einige Monate hartnäckig systematisch abgemüht hatte, war er so weit, daß er das entscheidende Experiment wagen konnte. Er ging, als es Zeit war, ins Bett und schloß nur ein Auge. Er schaffte es, das andere beinahe eine Stunde lang offenzulassen, dann machte er es auch zu und schlief vollkommen ein. In dieser Nacht wurde ihm die Luftpumpe gestohlen, Signora Norma kletterte, ohne wach zu werden, auf den Wipfel der Zeder, wurde zunächst mit einem Gespenst verwechselt, dann aber von ihrer Tochter Tiziana in Sicherheit gebracht, die von einem Tango-und-Foxtrott-Festival nach Hause kam und ihren Vater mit bitteren und auch ungerechten Vorwürfen überschüttete:

»So kümmerst du dich um unsere Mutter, deine Frau? Hunde und Katzen machst du im Nu gesund, für Kühe und Kälber holt man dich von weither, dir reicht ein einziges Auge, um aus der Ferne die Krankheiten der Hühner zu diagnostizieren, aber die Mitglieder deiner eigenen Familie könnten sich auf einer Kirchturmspitze aufspießen, und du würdest es nicht einmal merken.«

Signor Ottavio schwieg vorsichtshalber, denn man weiß ja, wo die Auseinandersetzungen mit den Kindern beginnen, aber nicht, worauf sie hinauswollen.

Aber das war die letzte ruhige Nacht für die Einbrecher, für Signora Normas Schlafwandelei und für das Nachtleben der jungen Leute. Von der nächsten Nacht an nämlich trug das intensive Training gänzlich seine Früchte, und der beharrliche Tierarzt konnte mit seinem linken Auge einschlafen und mit dem rechten wach bleiben. Warum er sich für diese Einteilung der Aufgaben entschied und nicht für die umgekehrte Symmetrie der beiden Augen, ist nicht bekannt. Vielleicht hatte er das linke Auge für geeigneter gehalten, sich mit der Welt des Schlafes zu befassen, das rechte dagegen für passender, die Aufgaben des Wachseins und des Wachens zu übernehmen. Oder vielleicht hatte sich die zweipolige Spezialisierung auf einmal von selbst erzeugt oder entschieden. Und was sollen die Details? Wichtig ist, daß die Einbrecher, als sie versuchten, ihrer bedauernswerten Gewohnheit entsprechend in Signor Ottavios Haus einzudringen, eine unangenehme Überraschung erlebten. Es waren zwei Einbrecher, aber sie waren ohne das geringste Geräusch eingedrungen. Sie standen im Schlafzimmer des Ehepaars.

»Schau mal, was der Tierarzt macht«, hatte der erste zum zweiten gesagt.

»Er schläft«, hatte der zweite geantwortet, der wegen der Position des Schlafenden nur dessen linkes Auge sehen konnte.

»Ausgezeichnet! Nimm die Brieftasche, sie ist in der Innentasche der Jacke, die über der Stuhllehne hängt.«

»Gilt nicht«, sagte in dem Moment Signor Ottavio und sprang aus dem Bett.

Überwältigt von diesem Bruch der Gewohnheiten des Hauses, ließen sich die Einbrecher fangen und ins Gefängnis bringen. Es handelte sich, wie gesagt, um unbedeutende Einbrecher; Signor Ottavio brauchte nicht einmal ganz aufzuwachen, um die Operation zu Ende zu führen, da nämlich der Hauptmann der Carabinieri, als er das verbundene Auge sah, es für seine Pflicht hielt, sich durch ein Augenzwinkern vom Tierarzt zu verabschieden und seinen Glückwunsch auszudrücken.

Von jener Nacht an also änderte sich alles in Signor Ottavios Haus. Die Einbrecher kamen nicht mehr dazu, eine Tür einzuschlagen oder durch ein Fenster einzusteigen, schon hatten sie nach Recht und Gesetz Handschellen an. Signora Normas Erscheinungen als Schlafwandlerin auf Dächern, Hundezwingern und Zedernwipfeln hörten völlig auf, denn Signor Ottavio war unablässig in der Lage, seine Gemahlin vor diesen gefährlichen Spaziergängen zu bewahren. Die Kinder, die spät in der Nacht nach Hause kamen und auf Zehenspitzen in ihre Betten schlichen, ohne, wie sie glaubten, die Eltern geweckt zu haben, wurden am nächsten Morgen beim Frühstück von ihrem Vater gerügt, weil sie so selbstherrlich und undiszipliniert waren.

»Diego«, sagte Signor Ottavio, »ist um zwei Uhr vierundzwanzig nach Hause gekommen, Tiziana um zehn nach drei, Riccardo um vier Uhr vierzig, zehn Minuten vor dem ersten Hahnenschrei. Nichts entgeht dem Auge eines fürsorglichen und verantwortungsbewußten Vaters.«

Die Kinder, denen diese Kontrollen höchst unangenehm waren, probierten verschiedene Dinge aus, um der väterlichen Wachsamkeit zu entgehen, aber sie mußten aufgeben und einsehen, daß es unmöglich war.

»Der arme Teufel«, sagte Diego, der sensibelste, zu seinen Geschwistern, »er kann nicht einschlafen, wenn wir nicht alle zu Hause sind. Das wird auf die Dauer seiner Gesundheit schaden. Ab heute abend komme ich sieben Minuten früher nach Hause als gewöhnlich. Und ich hoffe, ihr macht es auch so.«

Aber an dieser Stelle muß man sich fragen, was mit dem schlafenden Auge geschah, während das offene so vorzüglich seine Pflicht als Wachposten tat. Nun, das ist schnell gesagt: Das schlafende Auge sah die Träume, die Signor Ottavio träumte, zur Hälfte. Zunächst ziemlich unsinniges Zeug, wie es so geht. Signor Ottavio nahm einen Einbrecher gefangen und träumte inzwischen, er fahre mit einer Seilschwebebahn ins Hochgebirge, oder er träumte von alten Verwandten, die sich alle auf einem untergehenden Schiff zusammendrängten, oder von einer singenden Eidechse oder von einem Topf, in dem ein Fahrrad kochte, und dergleichen mehr. Selbstverständlich waren die Träume manchmal interessanter, der Träumer erlebte verschiedene Phasen seines Lebens noch einmal, aber in einer verschönerten und korrigierten Version, oder er sah sich als Held in aufregenden und faszinierenden Geschichten, aber immer in der schönsten Rolle, er ging immer als Sieger hervor, alles fiel ihm leicht, er konnte jedes Instrument spielen und so weiter. Solche Träume lenkten Signor Ottavio beträchtlich von den Ereignissen ab, die sein fortwährend weit aufgerissenes rechtes Auge weiterhin registrierte. Mitten im schönsten Konzert, das Signor Ottavio dirigierte und dem ein zahlreiches, hochqualifiziertes Publikum, darunter Könige und Königinnen, Präsidenten und Professoren, Beifall klatschte, signalisierte ihm das rechte Auge, daß sich Signora Norma zu einem ihrer nächtlichen Abenteuer aufmachte, und um nicht in seinem Traum den Faden zu verlieren, blickte er ihr nach, wie sie aufstand und sich in Richtung Balkon oder Fensterbrett durch das Zimmer bewegte, als ginge ihn das alles nichts an, so daß er ihr später Hals über Kopf nachrennen mußte, um durch seine Ankunft gerade noch zu verhindern, daß sie vom Gestell des Papageis oder von einer Dachluke herunterfiel. Oder: Während sein waches Auge den Einbrechern auf den Fersen war, die die Speisekammer zu erreichen versuchten, um einen Wurstdiebstahl zu begehen, verschob Signor Ottavio im letzten Moment die Gefangennahme, um das Abenteuer, von dem er gerade träumte, nicht zu versäumen, worin ihm eine indische Prinzessin die allersüßeste Mandolinenserenade darbrachte.

Mit der Zeit lernte das träumende Auge andere Tricks, um über das wache die Oberhand zu gewinnen. So ließ es etwa die phantastischen Erzählungen beiseite und begann im Traum dieselben Dinge zu sehen, die das andere Auge in der Wirklichkeit sah, dann aber fiel es in seine ursprünglichen Träume zurück, wodurch beachtliche Verwirrungen entstanden.

Da kommt beispielsweise ein Einbrecher ins Haus, um den neuen Farbfernseher zu stehlen, den sie sich angeschafft hatten, nachdem vor einiger Zeit der alte gestohlen worden war. Das wache Auge sieht den Dieb und verfolgt jede seiner Bewegungen. Das schlafende Auge träumt von ihm und sieht im Traum alle seine Bewegungen in derselben Reihenfolge. Aber während dann das träumende Auge träumt, daß Signor Ottavio den Dieb in einen Kampf auf Leben und Tod verwickelt, ihn packt und mit der Kloschnur fesselt und Signor Ottavio von seiner Frau und seinen Kindern umjubelt wird, die nun endlich bereit sind, in ihm einen Helden unserer Tage zu sehen, geschieht in Wirklichkeit folgendes: Der Einbrecher lädt in aller Ruhe den Farbfernseher auf einen Servierwagen, und er würde es sogar schaffen, sich aus dem Staub zu machen, wenn er nicht mit Signora Norma, die mit geschlossenen Augen und vorgestreckten Händen aus dem Bett aufsteht, und gleichzeitig mit den drei Kindern Signor Ottavios zusammenstoßen würde, die sieben Minuten früher als gewöhnlich nach Hause kommen. Signor Ottavios waches Auge sieht das alles, aber der eigentliche Ottavio traut dem träumenden Auge. Welch bitteres Erwachen für den braven Tierarzt! Anstatt ihm zuzujubeln, stellen ihn seine Frau und seine Kinder zur Rede, wie vor Gericht, nach allen Regeln der Kunst.

»Was geht eigentlich vor in deinem Kopf? Ich habe genau bemerkt, daß du den Einbrecher gesehen hast genau wie wir, aber du hast nicht mit der Wimper gezuckt, keinen Finger gerührt, im Gegenteil, du hast gelächelt, als wärest du mit allem einverstanden, was du ihn tun sahst.«

Diesem Protest des jungen Diego folgen die der anderen, alle mehr oder weniger im selben Ton. Signor Ottavio versank abgrundtief bei dieser Demütigung, und er war beschämter als in seiner Kindheit, wenn jemand merkte, daß er ins Bett gemacht hatte, und verzweifelter als Napoleon nach der Schlacht von Waterloo.

Andere ähnliche Katastrophen passierten in den darauffolgenden Nächten, was den einzigen Mann in Spilamberto und vielleicht in der ganzen Emilia-Romagna, der imstande war, mit einem offenen und einem geschlossenen Auge zu schlafen, aus der Fassung brachte.

»In meinem System ist ein Fehler«, gestand er sich selbst unter Schmerzen. »Vielleicht sollte ich mich daran gewöhnen, beim Schlafen beide Augen offen zu behalten. Das dürfte trotz allem nicht allzu schwer sein. Was mir mit dem rechten Auge gelang, das nun abgerichtet ist, rund um die Uhr niemals das wachsame Lid zu senken, warum sollte mir das nicht auch mit dem linken gelingen? Im Grunde handelt es sich nur darum, für einige Nachtstunden den gesamten visuellen Wahrnehmungsapparat von den anderen Apparaten des Körpers und des Geistes zu isolieren. Ich werde mit den Augen wachen und gewissermaßen mit den Ohren schlafen. Ich werde eben mit der Nase, dem Mund, den Armen, den Beinen und dem Bauch schlafen. Ist das etwa nicht genug für einen guten, erholsamen Schlaf, auch ohne daß die Sehkraft beeinträchtigt wird?«

Der Gedankengang erschien ihm logisch.

»An die Arbeit«, sagte er sich, indem er an seinen Vorrat an Begeisterung appellierte. Noch am selben Tag begann er sein Training in der neuen Richtung. Mit offenen Augen zu schlafen entpuppte sich als die einfachste Sache der Welt.

»Na klar«, sah Signor Ottavio ein, »nun brauche ich nur noch die halbe Mühe, weil das rechte Auge schon daran gewöhnt ist.« Leider aber muß Signor Ottavio auch bei

seinen neuen Berechnungen etwas falsch gemacht haben. Das rechte Auge nämlich hatte sich in letzter Zeit ans Träumen gewöhnt, auch wenn es offenblieb. Das andere Auge, das sich zuvor zum Träumen immer schloß, lernte rasch, auch im offenen Zustand seine Traumtätigkeit fortzusetzen. Das Ergebnis war ein Signor Ottavio, der mit offenen Augen träumte. Und ist es vielleicht schwer, mit offenen Augen zu träumen? Die Wahrheit ist, daß das doch alle einmal machen, ohne eigens trainieren zu müssen. Man macht es bei Tag und bei Nacht. Man macht es in Italien und in Australien. Auch in Singapur. Und auch in New York.

Signor Ottavio wurde klar, daß bei seinem Experiment etwas nicht in Ordnung war. Aber nun hatte er nicht mehr die Kraft, auf einem anderen Weg von neuem anzufangen. Und während er mit offenen Augen träumte, in Zeiten, in denen man eigentlich lernen müßte, sehr wach zu sein, passierten in seiner Nähe alle Arten von Katastrophen: Die Einbrecher klauten ihm Schuhe und Strümpfe, Signora Norma erwachte auf dem Geländer des höchsten Balkons balancierend, seine drei Kinder kamen immer frecher und immer später nach Hause, aber Signor Ottavio sah sie nicht, obwohl er die Augen offen hatte, denn er träumte von Karawanen, die ihm Geschenke aus Arabien brachten, von Herrschern, die ihm die höchsten Ehren zuteil werden ließen, von Bankdirektoren, die ihm Kisten voll Gold und Silber und voll Wertpapiercoupons überreichten.

Ich reise in Nationalflaggen, und durch diese Tätigkeit verschlug es mich zu Anfang jenes Sommers an die Adriaküste, wo es von

Der lange Strand von Comacchio

großen, kleinen und mittleren Hotels wimmelt, ja sogar ungeahnte Hotelballungen entstanden sind; und alle haben einen dringenden Bedarf an Nationalflaggen, die sie serienweise auf die höchsten Fahnenstangen pflanzen, außerdem brauchen Eisdielen, Bierstuben, Milchläden und Tanzlokale unbedingt Fähnchen in den Farben aller Kontinente, um sie im richtigen Moment auf den richtigen Tisch zu stellen, damit sich der Urlauber wie zu Hause fühlt, komme er nun aus Caracas, Tansania, Hamburg oder Singapur, und damit ihn beim Baden, Tanzen und in den Stunden der Entspannung die Farben seines Heimatlandes erfreuen.

Von der eigentlichen Romagna, die ich schon in den vergangenen Jahren durchreist und beflaggt hatte, war ich in die Gegend von Ferrara gekommen, um eine Attacke auf die Strände von Comacchio zu starten. Erst vor kurzem entstanden, fehlte ihnen noch die optimale Ausrüstung mit Fahnen und Fähnchen, obschon, das soll nicht verschwiegen werden, sympathische, aber einfache Leute dort verkehrten, die nicht sofort zum Hut greifen, wenn sie in der Bar del Molo oder im Café Sport sitzen und ihnen nicht umgehend neben das Bier oder den Magenbitter der Union Jack oder das Wahrzeichen Wilhelm Tells gestellt wird; ganz zu schweigen von den einheimischen Obern, die leicht einen Norweger mit einem Irländer, einen Belgier mit einem Triestiner verwechseln.

Ich mietete mich also in einer kleinen hübschen Pension (›La Vecchia Rimini‹) am Lido degli Estensi ein, praktisch am Ufer des Kanals gelegen, der dieses Festland von Porto Garibaldi und von dem Denkmal trennt, das an die dramatische Landung Garibaldis, des *Helden der zwei Welten*, im Jahr 1849 erinnert. Noch am selben Abend erfuhr ich alles, was es zu erfahren gab, über: die Hoteleinrichtungen, die Bewegung von Ebbe und Flut, nach denen der Kanal entweder wie ein wegfließender oder herfließender Fluß aussah, über das Hin und Her der Fischerboote und der streunenden Hunde, über den Preis der Piadina mit oder ohne Wurstbelag, über den Fahrplan der Fähre, die von sieben Uhr früh bis dreiundzwanzig Uhr die beiden Ufer verband, zum Einheitstarif von hundert Lire, hundertfünfzig mit Fahrrad, fünfzig für Kinder. Die Fähre war eigentlich ein altes kleines Motorboot, das hustend die wenigen Meter Wasser überwand. Als ich es zum letztenmal nach Porto Garibaldi abfahren sah, bevor ich schlafen ging, transportierte es einen Araber, der ein riesiges Bündel Decken auf seine linke Schulter geladen hatte, wie sie die Araber, Marokkaner, Tunesier oder sonstwas von Tür zu Tür und von Strand zu Strand verkaufen, wobei sie manchmal auch aus Versehen oder zur Provokation die Halle eines Grand Hotels betreten, wo man sie auf der Stelle hinauswirft wie einen Bettler oder einen illegalen Parkwächter.

Am nächsten Morgen ging ich, um nicht sofort bei meiner Arbeit zu schwitzen, ins Strandbad Medusa, mietete eine Kabine und einen Sonnenschirm und legte mich in den Sand, halb in die Sonne und halb in den Schatten, wie es mir behagt. Dazu muß ich noch erklären, daß ich die Ausübung meiner Pflichten als Vertreter gern mit meinen persönlichen Rechten und Freuden abwechsle (ohne zu übertreiben). Doch meine beginnende Erholung wurde fast sofort durch eine heftige Belästigung gestört, die sich in mein Wohlbefinden bohrte, wie sich nach einem Dichterwort der Wurm in die Rose bohrt.

Verflucht, ein Kofferradio. Auch hier wie überall, an allen Stränden und in allen Zügen, im Omnibus und im Flugzeug, im Norden und im Süden unserer Halbinsel, in Europa und außerhalb, in der ganzen betäubten freien Welt, ein verfluchtes, dämliches, verdammtes Kofferradio. Oder vielleicht ein Recorder, der nur ein anderes Mittel ist, zu demselben vermaledeiten, ohrenbetäubenden Zweck.

Im ersten Moment wollte ich einen bösen Blick, begleitet von den geeigneten Verbalinjurien, in Richtung der lästigen Lärmquelle und ihrer Handhaber werfen, hielt mich aber doch zurück, um nicht wieder in eine Rauferei zu geraten, wie es mir einige Tage vorher in Fano mit einer ganzen Gruppe lärmender Jugendlicher passiert war. Ich senkte nur äußerst diskret meinen Kopf. Unter dem Sonnenschirm neben dem meinen hatten inzwischen Platz genommen: eine aufreizende Schönheit im Bikini von etwa achtzehn Jahren, die an den verschiedenen und passenden Stellen gut verteilt waren, und ihr Begleiter, ein junger Alter oder ein alter Junge, je nachdem, aus welcher Sicht man ihn anschaute, graublond und mager an den falschen Stellen, Alter schätzungsweise fünfzig, sechzig, mit völlig grotesken Ketten auf der schlaffen Haut. Er hatte die Krachmaschine in der Hand, aus der im Moment ohrenbetäubende Rockmusik kam, und der alte Narr strengte sich vergeblich an, mit seinen Schrittchen und dem Rucken seiner müde hängenden Schultern deren Takt zu folgen.

»Altes Arschloch, mach dein Scheißradio aus!« schoß es mir augenblicklich durch den Sinn. Und auf der Stelle wiederholte das Radio mit einer vom Lautsprecher verzerrten Stimme, in der ich die meine kaum wiedererkannte: »Altes Arschloch, mach dein Scheißradio aus, altes A...« Und so weiter, ohne Unterbrechung, mehrmals hintereinander, bis der alte Geck sich endlich entschloß auszuschalten, mit einem verwunderten Ausdruck in seinem braungebrannten runzeligen Gesicht.

»Da hat sich wohl jemand einen Scherz mit mir erlaubt«, sagte er zu dem Mädchen. Sein Kommentar war dumm und unbegründet, aber mir bewies er jenseits allen Zweifels, daß die Stimme und der Satz, die ich nur gedacht hatte, tatsächlich aus dem Radio gekommen waren, ein mysteriöses Phänomen von Telepathie, wenn man diesen Begriff im Fall einer Verständigung zwischen Mensch und Maschine überhaupt anwenden kann.

»Ich stecke mal eine andere Kassette rein«, verkündete der betagte Don Juan.

Das setzte er umgehend in die Tat um, und da kamen aus dem Kofferradio so jämmerliche Akkorde eines Klaviers, daß sie den alten Liszt gewiß zum Selbstmord getrieben hätten. Da ich neugierig war, was nun geschehen würde, formulierte ich im Geist bei absolut geschlossenem Mund eine ausgeklügelte Variation des vorhergehenden Gedankens: »Aufgewärmte Suppe unter Schirm dreiundvierzig, schalte deinen Transistor aus und schieb dir dein Kofferradio ins Ohr!« Fünf Zehntelsekunden später wiederholte das Radio, ohne eine Silbe falsch zu machen: »Aufgewärmte Suppe unter Schirm dreiundvierzig« und so weiter und so weiter alles, was dann noch kam. Diesmal sprang das Mädchen auf. »Aber der hat's genau auf dich abgesehen, weiß sogar deine Schirm-Nummer!«

»Die weiß ich ja selbst erst seit zehn Minuten«, protestierte der faltenreiche Schmachtlappen, »ich habe den Schirm gerade erst gemietet.«

Zur Probe schaltete er sein Kofferradio mehrmals aus und ein. Und jedesmal sendete es mit seinem unverkennbaren elektronischen Timbre meine Gedanken, wie zum Beispiel: »Schweigen ist Gold, du Lackaffe!«, »Spring doch ins Meer samt deinem Radio, aber weit draußen!«, »Geh doch zum Singen in die Arena von Verona und verschone das Strandbad Medusa!«

Der letzte so genaue Hinweis blieb nicht ohne Folgen. Der alte Fanatiker bezichtigte den Bademeister, er habe ihm sein Radio frisiert. Der Bademeister verteidigte sich mit vielen Verbeugungen, denn der Alte schien ein guter Kunde zu sein, der das Strandbad Medusa schon seit der Gründung besuchte. Um irgend etwas zu tun, verjagte der Bademeister einen Araber aus seinem Territorium, der mit seinem Bündel Decken auf den Schultern von Schirm zu Schirm ging und sie ausbreitete, damit die Damen sie in Augenschein nehmen konnten.

»Hau ab, türkischer Schieber, ist ja alles gestohlen, was du da hast!«

Der Araber sagte ihm etwas auf arabisch. Zufällig war aber der Bademeister in der Welt herumgekommen und kannte diese Sprache. Die Beleidigung wurde verstanden und erwidert.

»Du redest wohl von deiner Mutter, nicht von meiner«, sagte der Bademeister.

Mit seinen eigenen Waffen geschlagen, schwieg der Araber und verzog sich.

An dem Tag also entdeckte ich durch Zufall und ohne Vorankündigung meine verblüffende Fähigkeit, über Kofferradio Botschaften zu senden. Was mit dem bejahrten Musikfan geschehen war, hätte auch ein reiner Zufall sein können. Aber ich hatte noch am selben Morgen Gelegenheit, als ich am Strand auf und ab ging, von einer Badeanstalt zur anderen, mein nagelneues Supervermögen auf die Probe zu stellen. Sowie ich einem funktionierenden Kofferradio begegnete, ob es nun an den Stäben eines Sonnenschirms hing oder an der Lehne eines Liegestuhls oder am Handgelenk einer ahnungslosen jungen Dame, ich brauchte nur etwas zu denken, und schon wiederholte das Radio, was ich meinte, in der entsprechenden Lautstärke, und der Eigentümer oder die Eigentümerin des Geräts wurde feuerrot. Ich probierte verschiedene Sätze aus in der Art von: »Störenfriede go home!«, »Dämliche Maus, mach dein Radio aus!«, »Blödmann mit Transistor, wirf dich den Fischen vor!« und so weiter.

Nach meinem dritten Spaziergang konnte ich keinem eingeschalteten Kofferradio mehr begegnen. Die Neuigkeit, daß es dieses Phänomen gab, mußte sich verbreitet haben, zumindest von der Mündung des Reno bis zur Mündung des Po, am ganzen Sandstrand der Gemeinde Comacchio, über achtundzwanzig Kilometer.

Am Nachmittag tauchten im Strandbad Medusa einige Ahnungslose auf, die am Vormittag entschuldigt ferngeblieben waren. Sie machten alle arglos ihre teuflischen kleinen Schachteln an, und auch sie wurden einer nach dem anderen auf die schon beschriebene Weise zum Schweigen gebracht. Ob japanisch, amerikanisch oder deutsch, die Kofferradios gehorchten unverzüglich meinem Befehl und sendeten je nach meiner Wahl gutmütige Aufforderungen oder brutale Beschimpfungen, feine ironische oder handfeste derbe Worte in verschiedenen Sprachen, damit auch die ausländischen Gäste direkt verstanden, woher der Wind wehte, ohne sich an einen Dolmetscher wenden zu müssen.

Wie sich jedermann ohne weiteres vorstellen kann, traten an dem Tag die Geschäfte in den Hintergrund, und der Flaggenhandel erlebte keinen Aufschwung. Ich hatte anderes zu denken und zu überlegen. Die Frage hieß: Wie sollte ich meine neu entdeckte Fähigkeit nützen? Der Gedanke an das allgemeine Wohl kann freilich sehr befriedigend sein. Viele Kilometer den Strand entlang zu gehen, nur die Stimme des Meeres und die Stimmen der Kinder hören, die schwatzend ihre Löcher in den Sand gruben, und dabei zu wissen, das war mein Verdienst, die Kofferradios waren durch mein Eingreifen verschwunden, ohne daß die Bademeister mit den Badegästen aneinandergeraten mußten und ohne daß drohende Schilder erschienen, das alles gab mir ein tiefes Gefühl der Genugtuung. Aber wie weit ging diese Genugtuung? Von moralischer Befriedigung allein kann man nicht leben, man braucht auch Geld, bedenkt man nur, was heute der Parmesankäse kostet.

An dem Tag reift in der Sonne Stunde um Stunde ein Plan heran, mit dessen Hilfe ich in diesem Jahr meine Einkünfte verdoppeln kann. Da ich Steilküsten und Sandstrände, Hügel und Berge auf der ganzen Halbinsel abklappere und mich bemühe, zur Freude der in- und ausländischen Augen alles zu beflaggen, kann ich ohne weiteres erreichen, daß mir Hotelbesitzer und Bademeister, Gemeinde- und Provinzverwaltungen, öffentliche und private Einrichtungen die Verantwortung für das Schweigen der Radios, oder eigentlich der Kofferradios, zu übertragen. Ich verpflichte mich, zu einem mäßigen Preis Ort für Ort die Störenfriede zum Schweigen zu bringen, indem ich dieselben Transistorgeräte, mit denen sie gewöhnlich ihr eigenes Trommelfell und das ihrer Mitmenschen quälen, gegen die Plagegeister wende. Im allgemeinen reicht mir ein Tag, um an einem mittelgroßen Ort mit einer Bevölkerung bis zu hunderttausend Einwohnern das gewünschte Ergebnis zu erzielen. Handelt es sich um einen größeren Ort, dann bleibe ich zwei bis drei Tage, solange es eben nötig ist. Die Arbeit kostet mich keinerlei Mühe, denn ich brauche nur zu denken: »Blödmann, wirf dein Radio in deinen Kartoffelsalat!« und schon ist sie getan. Ich muß natürlich zu Fuß umhergehen. Aber genau das hat mir mein Arzt verordnet: Zur Vorbeugung gegen die Arterienverkalkung täglich zwei Stunden spazierengehen. So verbinde ich das Nützliche mit dem Angenehmen, die Gesundheit mit der Arbeit, sogar mit zwei Arbeiten: dem Flaggenhandel und dem Kampf gegen den Lärm. Meine Kunden müssen selbstverständlich schwören, daß sie den Mund halten. Ich muß unbekannt bleiben, sonst glückt das Spiel nicht mehr. Niemand darf auf den Gedanken kommen, daß der kleine Mann, der mit seinem Musterkoffer voller Flaggen über Land zieht, der Urheber des Wunders sein könnte, von dem alle Zeitungen berichten: Ein Sommer ohne Lärm. Wehe, es käme ein Verdacht auf. Einige Kofferradios würde ich mit Sicherheit an den Kopf geknallt bekommen. Davor bewahrt mich nur mein Inkognito.

Dieser Gedankengang war das Werk eines Tages am Lido degli Estensi, wo man aber nie eine Gedenktafel anbringen wird, die an das Ereignis erinnern soll. Und es ist auch besser so, denn sie würde nur den Strand verunzieren, der hinreißend schön ist. Auch gegen Abend, wenn die Sonne untergeht, aber um das zu sehen, muß man dem Adriatischen Meer den Rücken zukehren und in die große Ebene und ihren unermeßlichen Himmel blicken, über den violette Wolken ziehen.

Es waren nicht mehr viele Leute am Strand: zwei junge Frauen mit ihrer niedlichen Brut, eine deutsche Familie unter dem Regiment einer energischen Gattinundmutter und deren wiederholtem »*Paß auf! Paß auf!*« und ein Araber, die Schultern behangen mit der üblichen Last von Decken, die von den Damen bewundert, betastet und hin und her gewendet, aber keineswegs gekauft wurden. Der Araber kauerte sich auch neben meinen Liegestuhl.

»Du kaufen *Dicki*?« fragte er mich lächelnd. Er sagte merkwürdigerweise alles mit »i«. Er sagte: »*Schini Dicki, schini Dicki, dreißigtausind, zwanzigtausind…*«

Als sein Angebot abgelehnt wurde, war er weder beleidigt noch verärgert. Er legte die verschmähte Decke wieder zusammen und entfaltete sofort eine andere mit großen einfarbigen Zeichnungen.

»Du kaufen *Tippich*?« fragte mich der Araber dann und breitete einen kleinen Teppich auf dem Sand aus, einen sogenannten Gebetsteppich. »*Dies Tippich von Ilidin!*« sagte er und lächelte immer noch aufmunternd von einem Ohr zum anderen. Doch er mußte sein Angebot zwei- oder dreimal wiederholen, bis ich verstand, daß es sich nach seiner Meinung um Aladins Teppich handelte.

Jetzt mußte ich lächeln. Darauf schaute ich jedoch entschieden in das Buch, das ich aufgeschlagen hatte, um dem Araber zu verstehen zu geben, daß die Audienz zu Ende war. Er verabschiedete sich freundlich von mir und ging weiter bis zum nächsten Sonnenschirm, wo die Deutschen waren. Auch die energische und autoritäre *Frau* [i. O. deutsch] unterzog seine Ware einer sorgfältigen Prüfung, befühlte die Decken und drehte und wendete sie, wobei sie immer wieder nach dem Preis fragte.

»Quanto costare?«

»Dreißigtausind.«

»Questo quanto costare?«

»Zwanzigtausind.«

Und nachdem der Araber alle seine Decken eine nach der anderen wieder zusammengelegt hatte, breitete er auch zu ihren Füßen den kleinen Teppich, einen liebevollen Schnörkel in grünen und braunen Tönen, aus.

»Du kaufen *Tippich* von *Ilidin?*«

»Quanto costare?«

»Erst sagen, ob kaufen. Dies wunderbar *Tippich*. Magisch *Tippich*. Du fliegen.«

Die Dame verstand ihn nicht. Ihr Mann mußte sich einschalten, der ein wenig besser Italienisch konnte als sie, und er erklärte ihr alles auf deutsch, wobei er mit Händen und Füßen unmißverständliche Bewegungen machte, die »fliegen« hießen.

Da machte der kleinste Deutsche unverzüglich einen Flug rund um den Sonnenschirm und wirbelte mit seinen aufgeregten Füßen eine Sandwolke auf.

»*Paß auf! Paß auf!*« [i. O. deutsch]

Der Junge flog wenig über dem Boden weiter, auf dem Teppich stehend. Aber der Araber nahm ihn behutsam herunter.

»Du kaufen, dann fliegen«, sagte er mit sämtlichen schneeweißen Zähnen.

»Was sagt er? Was sagte er?« fragte die Frau ihren Mann, der ihr geduldig die gewünschte Übersetzung lieferte.

Der kleine Junge schaute nun schon sehnsüchtig auf den kleinen Teppich und hätte wohl die Gelegenheit ergriffen, eine richtige Trotzszene hinzulegen, wenn die Dame nicht von einem Moment auf den anderen beschlossen hätte, die Zelte abzubrechen. Daraufhin wurden in intensivem Einsatz Badeanzüge, Pullover, Thermosflaschen, Schaufeln, Eimer, Schwimmanzüge, Schlauchboote, Muscheln, angebissene Brötchen eingesammelt und verstaut: die Beute eines intensiven Badetages einer fünfköpfigen deutschen Familie. Aber der Araber rührte sich nicht vom Fleck. Und der kleine Junge schielte immer noch nach dem kleinen Teppich. Auch als sie schon weit in der Ferne, aber immer noch am Strand zu ihrem Auto gingen, drehte er sich immer wieder um und ließ sich schließlich diszipliniert in die Richtung ziehen, in die der Vater zeigte.

Nun waren wir wirklich allein, der Araber und ich, vor uns das Meer, das sich in einen melancholischen Dunst hüllte.

Der Araber gab sich einen Ruck, schob die Deckenlast auf seinen Schultern zurecht, schüttelte den Sand aus dem kleinen Teppich, breitete ihn beinahe liebevoll auf dem Boden aus, stieg darauf ... und flog in die Luft ... Ich mußte mich schnell umdrehen, um sie verschwinden zu sehen, den kleinen Teppich und den Araber, denn schon flogen sie über den Strand, über die Häuser, über das Dach der Pension ›Vecchia Rimini‹, über den Kanal von Porto Garibaldi, den die kleine asthmatische Fähre überquerte, auf die Sonne zu, die nun wie eine große kalte Orange aussah und über den Nebeln hinter Comacchio entschwebte.

Man muß sich ein Rasenrechteck vorstellen, dreißig Meter Länge mal zwanzig Meter Breite. An dessen Längsseite stehen in der Nähe des Säulengangs der kleinen Villa von links nach rechts aufgereiht: eine Pinie, eine Magnolie, eine Linde; an der anderen Längsseite, den Maschenzaun entlang,

Bäumchen, Bäumchen, wechsle dich

der den Besitz der Lehrerin Santoni (verwitwet und pensioniert) von dem ihres Nachbarn trennt, stehen nur zwei Bäume an den beiden Ecken: eine Pinie und eine Libanonzeder. Kein Baum in der Mitte dieser Längsseite. Keiner im Schnittpunkt der zwei Diagonalen des Rechtecks. Dieses symmetrische und trostreiche Schauspiel betrachtet die Lehrerin Santoni nun seit fünfzehn Jahren, in deren Verlauf sie sah, wie die Bäume wuchsen, wie die Blätter der Linde abfielen und wieder grünten, wie die Magnolie blühte und verblühte, wie die Libanonzeder immer mächtiger wurde, wie an den beiden Pinien Zapfen wuchsen (kein leichtes Unterfangen, die Kerne herauszuholen, die so kostbar sind für die Kuchen und das *Pesto* mit Basilikum).

Ein kleineres Rasenstück befindet sich hinter dem Haus, und es ist fein säuberlich in Blumenrabatten und Gemüsebeete eingeteilt, die aus Tomaten, Salatpflanzen und Zucchini eine eigene geometrische Form bilden. In früheren Jahren spielte die Lehrerin ihren Schulkindern gern einen Streich, denn sie lud alle zum Essen ein und servierte ihnen Zucchinigemüse, das heißt genau das Gericht, das jedes Kind von ganzem Herzen und bei aller Großmut haßt, um aber gleich darauf Pommes frites, Eis, Erdbeeren mit Sahne und mit ihren Pinienkernen gespickte Kuchen aufzutragen.

Da und dort wachsen in den beiden Rasen

stücken, dem größeren und dem kleineren, verstreut Johannisbeer-, Quitten- und Forsythiensträucher und Granatapfelbäumchen, die in die Regelmäßigkeit des Gärtchens, eigentlich der zwei Gärtchen, die Phantasie und ihre Launen hineintragen. Die Lehrerin Santoni war seit eh und je für eine unaufdringlich von der Phantasie korrigierte Ordnung.

Eines Morgens aber erschien diese Ordnung auf völlig unerwartete und radikale Weise umgestürzt. Als die Lehrerin Santoni hinausblickt, um ihr kleines ländliches Reich mit einem liebevollen Blick zu begrüßen, traut sie ihren Augen kaum, wie man in solchen Fällen zu sagen pflegt. Wenn es überhaupt je, was unwahrscheinlich ist, einen solchen Fall gegeben hat. Die Magnolie, von der Lehrerin Santoni mit besonderer Sorgfalt überwacht, da sie gestern zwischen den dunklen grünen Blättern die erste schneeweiße Knospe hochgereckt hatte, die Magnolie steht nicht mehr an ihrem Platz in der Mitte der unteren Längsseite des Rechtecks. Nein, sie steht genau in der Mitte des Rasens, wo sich die zwei imaginären, aber vom geometrischen Standpunkt aus sehr realen Geraden begegnen, welche diagonal von einer Ecke zur anderen verlaufen, zehn Meter von dem Punkt entfernt, wo die Lehrerin Santoni und der Lehrer Santoni, damals noch am Leben, sie miteinander gepflanzt, immer wieder gegossen, aufgeharkt, ihr immer wieder gut zugeredet und sie im Wachsen unterstützt hatten. Der Rasen sieht von dieser Stelle bis zum neuen Standort der Magnolie unberührt aus.

»Das gibt es doch nicht«, meint dazu verblüfft die Lehrerin Santoni.

»Das gibt es doch nicht«, meinen dazu einstimmig am Telefon die Kolleginnen, egal ob im Ruhestand oder noch im Amt, denen die Santoni von ihrer Entdeckung berichtet.

»Die hat doch schon immer in der Mitte gestanden, ich kann mich genau erinnern«, behauptet entschieden die Kollegin Ambrosoli, die im ganzen Schuldistrikt uneingeschränktes Ansehen genießt, »die hat noch nie woanders gestanden. Wie soll sie denn ihren Platz wechseln können? Eine Magnolie, die geht, das geht doch nicht.«

Als die Lehrerin Santoni noch die Aufsätze ihrer Schüler korrigierte, hätte sie das zweimalige »geht« mit Blaustift unterstrichen als unbedingt zu vermeiden. Aber nun war sie zu perplex, um sich mit solchem Kleinkram zu befassen. Sie betrachtet ihre Magnolie, ohne mit der gebührenden Begeisterung die vollkommen offene Blüte bewundern zu können, die wie ein großes Auge mitten in dem kräftigen Laubwerk glänzt.

Unsicher und fassungslos fragt sie sich, ob sie vielleicht ihr Gedächtnis trügt, ob das, was sie sieht, nicht schon eine bösartige Frucht der Arterienverkalkung ist, wo es vielleicht ratsam wäre, sich von Dr. Alongi, Doktor Lebelang, untersuchen zu lassen, der mit alten Leuten im allgemeinen und mit pensionierten Lehrerinnen im besonderen soviel Geduld hat.

»Morgen«, denkt sie, »morgen gehe ich dann zum Arzt. Heute habe ich im Gemüsegarten ziemlich viel zu tun.«

Aber am folgenden Morgen erwartet sie eine neue Überraschung, als sie aus dem Haus tritt, um nachzusehen, wie weit die Johannisbeeren schon sind. Auf dem Platz der Magnolie, in der Mitte des Rechtecks, steht jetzt die Libanonzeder und breitet triumphierend ihre Äste aus, als könnte sie nun endlich atmen, wie es ihr behagt. Und die Magnolie hat die westliche Ecke besetzt, einstmals Standort einer der zwei Pinien, die nun in die Ecke umgezogen ist, wo früher die Libanonzeder war.

»Gott im Himmel«, murmelte die Lehrerin Santoni vor sich hin, »wenn ich keine Kenntnisse in der Botanik hätte, was ich aber ganz im Gegenteil habe, so würde ich sagen, diese Bäume spielen eben jetzt ›Bäumchen, Bäumchen, wechsle dich‹.«

Andere Visionen nehmen sofort Platz in ihrem Kopf: Schulhöfe, in denen ihre Schüler dieses Spiel immer und immer wieder gespielt hatten; Hinterhöfe, in denen sie selbst als Kind klopfenden Herzens gelaufen war, um eine der vier Ecken zu erobern und nicht in der Mitte stehenzubleiben, denn die Mitte ist bei diesem Spiel der Platz des Verlierers, des Ausgeschlossenen, des Verurteilten.

»Gott im Himmel«, sagte sie noch einmal vor sich hin, wie sich an eine Formel zu klammern, die sie vor der geistigen Zerrüttung bewahren sollte.

Die Kollegin Ambrosoli ist am Telefon sicherer denn je, vor allem selbstsicher. »Meine Liebe«, sagt sie, »falle nicht auf solche Phantasien herein. Abgesehen von wenigen Ausnahmen, die jedoch nicht unsere Gärten betreffen, bleiben die Bäume fest an ihren unbeweglichen Wurzeln, wo sie sprießen, wachsen und eingehen. Geh doch mal zum Augenarzt. Zu einem guten Augenarzt. Zu Dr. Verbigrazia, also dem Doktor Vielschwätzer. – Beispielsweise zum Exempel. Er behandelt pensionierte Lehrerinnen zu besonders günstigen Bedingungen, weil er der Sohn einer Lehrerin ist. Aber vielleicht kennst du ihn ja. Kannst du dich nicht erinnern? Er war an der Schule von…«

Die Lehrerin Santoni hört nicht mehr zu. Sie sieht ihren Garten vor sich liegen, wo alles völlig neu angeordnet ist. Die Bäume stehen an ihren neuen Plätzen vor ihr, daran ist nicht zu rütteln. Sie geht zu jedem einzelnen hin und befühlt ihn. Sie kennt jeden Riß in seiner Rinde. Sie hat sie alle zusammen mit ihrem seligen Mann selbst gepflanzt. Er hatte unbedingt eine Magnolie und eine Linde gewollt, weil er als Kind immer in einem Park mit uralten Magnolien gespielt hatte und von seiner verstorbenen Mama mit Lindenblütentee kuriert worden war. Nun war er selbst verstorben. Er ging in den Ruhestand, und sechs Monate später war er tot. So geht es vielen Leuten, für die die Arbeit das Leben ist.

In der Nacht schläft die Lehrerin Santoni nicht. Hinter den geschlossenen Fensterläden des Wohnzimmers, die ausgerechnet auf den größeren Garten hinausgehen, bewacht sie ihre Bäume, um sie bei ihrem geheimen nächtlichen Leben zu ertappen. Sie wartet lange, lange Stunden, in die hin und wieder ein wenig Leben kommt, weil sich rauflustige Katzen einstellen, ein Igel umsichtig auswandert, ein Käuzchen klagend ruft, die Möbel knarren und der Holzwurm nagt. Über den Rasen ziehen Nebelschwaden. Der Mond hat Verspätung. Da geht er auf, ein feuchter schwacher Schimmer. Und genau bei diesem Licht scheinen die Bäume wie auf ein Signal zu erwachen und in aller Stille ihre Wurzeln abzuschütteln. Da bewegen sie sich alle fünf bald mit verschmitzter Langsamkeit, bald mit kurzen, raschen Rucken die vier Seiten des Rechtecks entlang. Die Linde ist an der Reihe, sich in der Mitte zu bewegen, sie läuft auf eine Ecke zu, die im Spiel einen Augenblick frei bleibt, um sie zu besetzen, aber dann muß sie wieder zurück und die Eroberung einer anderen Ecke versuchen.

Nun lächelt die Lehrerin Santoni über sich selbst und über ihre Kolleginnen, auch über die furchtbare Kollegin Ambrosoli und über die Ärzte, über die praktischen und die Spezialisten, aber vor allem über das, was sie sieht, und sie ist sich ganz sicher, daß sie nicht phantasiert oder träumt.

»Es ist wirklich so«, murmelt sie, »die Bäume spielen ›Bäumchen, Bäumchen, wechsle dich‹. Und warum auch nicht? Was wissen wir eigentlich von den Pflanzen? Haben wir uns je über ihre Zukunftspläne informiert? Und wenn das Pflanzenreich danach streben würde, in das Tierreich aufzusteigen?«

Dieser Gedanke beeindruckt sie. Sie will mit dem Schuldirektor Lo Forte darüber sprechen, er war ihr letzter Direktor und ist immer noch im Dienst. Er hat immer Respekt gehabt vor den alten Lehrerinnen und ist geduldig mit ihnen, den Säulen der Schule. Nein, sie wird ihm einen Brief schreiben, in dem sie ihre Beobachtungen schildern und ihn um Rat fragen wird, was ihre Schlußfolgerungen betrifft.

Der Brief geht ab, die Antwort kommt an, in der Direktor Lo Forte sehr respektvoll und sehr geduldig seine alte Kollegin auffordert, keine überstürzten Hypothesen zu formulieren, da sie für die Schulbücher schwerwiegende Folgen haben könnten.

»Ich verstehe«, folgert die Lehrerin Santoni, »was schön verschwiegen wird, steht in keinem Buch.«

Das nächste Mal sieht sie sich aber gezwungen, wiederum die Dienste der Post in Anspruch zu nehmen. Diesmal geht es nicht mehr um die Bäume, die nimmermüde jede Nacht ihr Spiel spielen, sondern es geht um die Katzen. Und um Dalila, den Hund des Bäckers, dem es nicht gelingt, sich zwischen den Stäben des Gittertors hindurchzuzwängen, so dick ist er. Als die Bäume eines Nachts beweglich und still wie immer ihr ›Bäumchen, Bäumchen, wechsle dich‹ spielen, schnappt die Lehrerin Santoni eine Unterhaltung auf, die knapp zwei Dezibel lauter ist als ein Gemurmel.

»Die Pinie spielt gut«, sagt eine Stimme, »sie läßt sich nie weit von einer der vier Seiten erwischen.«

»Wirklich behend«, sagt die andere Stimme. »Über die Linde wundere ich mich aber, sie ist so ängstlich. Seit einer Woche steht sie in derselben Ecke und wagt sich nicht mehr als zwei Meter nach vorn, beim ersten Alarm tritt sie schon wieder zurück. So ein Angsthase.«

Die Lehrerin Santoni muß nun auch ihren Ohren trauen, nicht nur ihren Augen: Diese Unterhaltung führten nämlich zwei Kater aus der Nachbarschaft, ihre Kostgänger für außerplanmäßige Imbisse und in den Nachtstunden regelmäßige Besucher ihres Gartens in ihrer Eigenschaft als freie Jäger und dauerhafte Verehrer von Frau Ambrosolis Katze, die auf ihren rastlosen Wanderungen oftmals hier vorbeikommt. Um so mehr, als sich nun eine dritte Stimme zu dem Duett gesellt. Sie kommt vom Gartentor, wo winselnd Dalila steht.

»Und ich?« sagt Dalila. »Ich sehe nichts. Was macht denn die Libanonzeder? Wohin ist die Magnolie geraten? So helft mir doch, daß ich hineinkomme.«

»Mach es so wie wir«, antwortet einer der Kater, »mach dich dünn und zwänge dich zwischen den Gitterstäben durch.«

»Aha«, räsoniert die Lehrerin Santoni. »Das hätte man sich denken können, das war ja beinahe unvermeidlich. Wenn die Pflanzen Tiere werden, dann bleibt den Tieren nichts anderes übrig, als ins nächste Reich auszuwandern, und das ist das unsere. Es stimmt, daß der Mensch (die Frau natürlich inbegriffen, der Grammatik zum Trotz, die uns ins männliche Geschlecht mit einschließt) seinerseits eigentlich zum Tierreich gehört. Aber im Lauf der Jahrtausende haben sich bei uns Unterschiede herausgebildet. Durch unsere Kultur gehören wir zu einem anderen Reich als die Katzen oder, sagen wir, die Flöhe und die Mäuse.«

In ihrem nachdenklichen Geist erwacht aber noch eine Frage.

»Wenn die Tiere in das Herrschaftsgebiet der Menschen vordringen und die Pflanzen in das der Tiere«, so fragt sie sich, »wer wird dann das Pflanzenreich besetzen?«

Am nächsten Tag zieht sich die Lehrerin Santoni bequeme Wanderschuhe an und unternimmt einen Ausflug ins Gebirge. Sie klettert die steilen Pfade hinauf, über die sie in früheren Zeiten ihre Schulklassen geführt hatte, um sie mit der Natur vertraut zu machen. Sie steigt zum Gießbach hinunter, der ihr bekannt ist wegen der Felsen und der Steine, an denen seine rauschenden Wasser zerstäuben. Sie beobachtet, lächelt und beobachtet aufs neue. Aus einem Felsen wachsen Almrausch hervor, Maiglöckchen aus einem anderen, aus einem dritten wilde Alpenveilchen. Direkt aus dem Gestein ohne die Unterstützung von Wurzeln, wie man leicht feststellen kann, ohne das Beiwerk von Zweigen, Blättern und so weiter. Die Felsen blühen. Ja, sie gehen mit vollem Recht ins Pflanzenreich über.

»Und wir?« fragt sich die Lehrerin Santoni bange. »Und wir? Wohin gehen wir? Ich meine uns Menschen, Frauen inbegriffen natürlich, um die sich die wissenschaftlichen Bezeichnungen so wenig kümmern...«

Die Lehrerin Santoni macht sich Mut und

beobachtet sich selbst, indem sie bei den Fingernägeln anfängt. Und nach allen ihren vorherigen Beobachtungen und der Hypothese, die sich dahinter gebildet hat, überrascht es sie keineswegs, als sie entdeckt, daß sich einer ihrer Fingernägel von einem in Mineralogie nicht unerfahrenen Auge wie dem ihren mit einem Blick beschreiben und klassifizieren läßt: und zwar als reiner achtflächiger Blutstein. Und der nächste Fingernagel besteht ohne Zweifel aus dem Edelserpentin der Piemontesischen Alpen. Und der Nagel des Ringfingers ist eindeutig aus rotem Jaspis mit Quarzspuren, während der Nagel des kleinen Fingers auf den ersten Blick wie Turmalin aussieht.

»Ich bin im Begriff«, schließt die Lehrerin Santoni, »mich in Mineralien zu verwandeln, wie es zu erwarten war. Und es soll mich nicht wundern, wenn ich morgen oder in einer Woche entdecke, daß ich einen Fuß aus apuanischem Onyx habe und den anderen aus Glimmer. Wahrscheinlich bilden sich schon jetzt Azurite und Malachite in meinen Knochen. Vielleicht auch Rubine. Vielleicht Berylle, Aquamarine und Smaragde.«

Nein, diesmal wird sich die Lehrerin Santoni nicht mit einem Brief an ihren ehemaligen Direktor begnügen. Sie schickt direkt nach Rom ans Kultusministerium ein Schreiben mit vielen Unterlagen, Zeichnungen und kleinen Ortsskizzen, in dem sie die oberste Schulbehörde darauf hinweist, daß es zweckmäßig wäre, bei der Aufstellung der neuen Lehrprogramme ihre Entdeckung zu berücksichtigen. »In der Natur«, schreibt sie in ihrer ordentlichen Handschrift und ihrer fehlerfreien Rechtschrift, »vollzieht sich gegenwärtig ein alles umfassender Rollenwechsel. Das Reich der Minerale geht über in das Pflanzenreich, das wiederum geht ein ins Tierreich, letzteres vermenschlicht und den Menschen bleibt nichts anderes übrig, als die Welt der Gesteine und Kristalle einzunehmen, was bereits im Gange ist. Es ereignet sich etwas, das sich mit einem universalen ›Bäumchen, Bäumchen, wechsle dich‹ vergleichen ließe. Der Kosmos offenbart, bei aller Achtung, seine substantielle Neigung zum Spiel.«

Schon einige Wochen später, also mit ungewöhnlicher Eile, antwortet ihr der Ministerialdirigent. »Sehr geehrte Frau Kollegin«, schreibt er, »um ›Bäumchen, Bäumchen, wechsle dich‹ spielen zu können, muß man zu fünft sein. In Ihrer Hypothese sind im Moment nur vier Spieler beteiligt. Wer soll der fünfte sein? Wir danken Ihnen für Ihren Hinweis und bitten Sie, uns über die weiteren Entwicklungen Ihrer Nachforschungen auf dem laufenden zu halten. Im Moment werden jedoch weder die Lehrbücher noch die Lehrprogramme einer Änderung unterzogen, laut der Gesetzesverordnung Nr....« und so weiter und so weiter.

Die Lehrerin Santoni liest und lächelt wieder einmal ihr verständiges Lächeln. Im Grunde hatte sie schon gewußt, daß es so ausgehen würde. Auch als sie noch im Amt war, hatte sie oftmals an den Minister geschrieben, um ihm gute Ratschläge zu geben, aber man hatte in Wirklichkeit nie auf sie gehört. Sie machte sich keine Illusionen. Auch jetzt macht sie sich keine, während sie unbeobachtet zusieht, wie ihre fünf Bäume tanzen; wie eines Morgens die Gemüse in ihrem Garten spielend ihre regelmäßigen rechteckigen Formationen verlassen und sich zu geometrischen Zeichnungen, zu kleinen Figuren unbekannter Tiere und zu Buchstaben geheimnisvoller Alphabete ordnen; wie sich die Katzen und die Hunde aus

der Nachbarschaft zu nächtlichen Plaude-
reien einstellen; wie aus den Mauern ihres
eigenen Hauses Blüten sprießen und direkt
aus den Dachziegeln eine wunderbare
schwarze Tulpe erblüht ist; wie sich ihr eigener Körper so langsam, aber ohne Unter-
laß verwandelt, daß er nun schon das Glück
eines Schulmuseums für Mineralien sein
könnte. Und auch sie fragt sich, wer wohl
der fünfte im Spiel sein mochte. Der liebe
Gott? Die Marsmenschen? Eine Lebens-
form, die der irdischen Biologie unbekannt
ist? Wesen, die aus purer Energie bestehen?
Die Antimaterie?
Fleißig setzt die Lehrerin Santoni ein Frage-
zeichen hinter das andere, und sie erinnert
sich lächelnd daran, wie oft ihre Schüler
statt eines Ausrufezeichens ein Fragezei-
chen schrieben und umgekehrt und wie sie
womöglich ihren Aufsatz nicht mit einem
ordnungsgemäßen Punkt abschlossen, sondern mit einem Komma, das über dem Abgrund schwebte, so: ,

»Sammeln Sie Klaviertasten?« fragte mich
mit lebhaftem Interesse ein Reisender, den
ich in einem Zug der Linie Mailand–Laveno
am Lago Maggiore angespro- **Leute im Zug**
chen hatte. »In welchem Sinn,
wenn ich fragen darf? Mit welcher Technik?
Stehlen Sie die Tasten vor dem Konzert oder
nachher?«
Um dem Verhör zu entgehen, mußte ich ge-
stehen, ich hätte es nur zum Spaß erzählt.
Und mein Geständnis wurde mit großer
Freundlichkeit aufgenommen.
»Sie müssen mir verzeihen, daß ich so neugierig geworden bin«, sagte er. »Aber ich bin
nämlich selbst Sammler. Bei mir handelt es

sich aber noch dazu nicht nur um ein simples Hobby, sondern um eine Familientradition, eine Art erbliche Krankheit.«

»Und wer war denn, wenn ich nicht zu indiskret bin, der erste Bazillenträger?«

»Mein Großvater väterlicherseits. Kommen Sie nie nach Ascoli Piceno?«

»Leider nur selten. Ich bin schon dort gewesen, eine wunderschöne Stadt, aber ein wenig abseits gelegen, buchstäblich ex-zentrisch.«

»Nicht mehr! Heute ist Ascoli Piceno in Reichweite aller Hauptstädte, seit es die Autobahnen gibt. Aber auf jeden Fall, sollten Sie zufällig einmal vorbeikommen, müssen Sie mich besuchen, und ich zeige Ihnen mit dem größten Vergnügen den Überseekoffer, in dem die Sammlung meines Großvaters aufbewahrt ist.«

»Wohl keine Klaviertasten vermutlich…«

»Eisenbahnfahrkarten. Mein Großvater sammelte Bahnhöfe. Schon als Junge hatte er sich vorgenommen, alle Bahnhöfe Italiens, große und kleine auf den Haupt- und den Nebenlinien, staatliche und private, zu besuchen. An jedem möglichen Bahnhof stieg er aus, kaufte eine Fahrkarte für den nächsten Bahnhof und fuhr mit dem erstbesten Zug wieder ab, Hauptsache, es war ein Personenzug. Heute sagt man Lokalzug, aber es ist dasselbe. Fünfundvierzig Jahre lang widmete er jeden Ferientag, jeden staatlichen oder kirchlichen Feiertag der Vervollständigung seiner Sammlung. Die Fahrkarten, die in dem Überseekoffer liegen, belegen, daß der Aufmerksamkeit meines Großvaters nicht ein einziger Bahnhof Italiens entging.«

»Er wird wohl ein Experte in Bahnhofsarchitektur geworden sein«, meinte ich.

»Keineswegs. An die Architektur dachte er überhaupt nicht. Er brauchte kein Bahnhofsgebäude gesehen zu haben, um den Bahnhof in seine Sammlung aufzunehmen. Er betrat nicht einmal den Wartesaal, außer zum Schlafen, wenn er kein Geld für das Hotel hatte. Für seinen Zweck genügte ein Fahrkartenschalter. Er verglich höchstens den Namen, der an der Bahnhofsmauer stand, mit dem, der auf der Fahrkarte zu lesen war.

»Fünfundvierzig Jahre ... Ein schönes Beispiel für Anhänglichkeit an das staatliche Eisenbahnnetz und ähnliche Einrichtungen.«

»Er war neunundsechzig Jahre alt und seit vier Jahren in Pension, als er auf dem letzten Bahnhof, der ihm noch fehlte, eine Fahrkarte lösen konnte, es war Crocicchie auf der Linie Rom–Viterbo. Denken Sie nur, siebenundzwanzig Jahre vorher war er schon einmal dort vorbeigekommen, hatte aber eine Station vorher, das heißt in Anguillara, aus Versehen einen Zug genommen, der in Crocicchie nicht hielt.«

»Ich kann mir seine Genugtuung vorstellen, als er jenes letzte Rechteck aus Pappe in seine Tasche steckte.«

»Da haben Sie recht. An dem Tag versäumte er gern den folgenden Zug, um in einem Landgasthaus zu bleiben, wo er sich ein Viertel Weißen mit Limonade genehmigte. Dann fuhr er nach Ascoli zurück, legte die Fahrkarte in seinen Überseekoffer und schrieb in sein Tagebuch, bevor er es für immer schloß: »*Geduld überwindet alles.*« [i. O. deutsch] Mein Großvater war nämlich, ich weiß nicht, ob ich Ihnen das schon erzählt habe, zwischen seinen Zugfahrten Lehrer für deutsche Sprache und Literatur an Oberrealschulen.«

Der Reisende schaute zum Fenster hinaus, vielleicht um seine Augen, in denen eine

Träne schimmerte, von den meinen wegzu-
wenden.

»Besuchen Sie mich einmal«, sagte er, indem
er sich wieder faßte, »aber sehen Sie zu, daß
Sie in der Karnevalszeit kommen. Sie wissen
nicht, was ein Karnevalsdienstag ist, wenn
Sie nicht einen in Ascoli verbracht haben.
Schauen Sie«, fügte er hinzu, während er
eine Photographie aus der Brieftasche zog
und mir mit einem freundschaftlichen Lächeln hinhielt.

»Der Karneval von Ascoli?« sagte ich
dümmlich, bevor ich einen Blick auf die
Photographie geworfen hatte.

»Aber, was sagen Sie da? Das ist meine
Großmutter.«

»Die Frau des Deutschprofessors?«

»Seine Zwillingsseele.«

Das Bild zeigte das schöne Antlitz einer
Frau, die nach der Mode von 1910 gekleidet
war. Nichts Besonderes, außer einem koket-
ten Lachen in den Augen. Da ich nicht wußte, was ich sagen sollte, nickte ich mehrmals
zustimmend mit dem Kopf.

»Sehen Sie die Handtasche, die sie hält?«

»Ein wenig groß, aber elegant.«

»Darauf können Sie schwören. Meine Groß-
mutter war die eleganteste Dame von Ascoli.
Aber das Photo ist aus einem anderen
Grund interessant. Die Handtasche meiner
Großmutter ging bei einem Umzug durch
die Unachtsamkeit der Packer verloren. Den
Nachforschungen, den versprochenen Trink-
geldern, den befragten Hellseherinnen zum
Trotz blieb die Tasche unauffindbar.«

»Wie ich sehe«, sagte ich, »hat diese Tasche
für Sie eine außergewöhnliche Bedeutung.«

»Kein Wunder, mein Herr, darin bewahrte
meine Großmutter ihre Sammlung auf.«

»Aha. Schauen wir mal, ob ich es errate.
Nach den Ausmaßen des Behälters ist es

wohl auszuschließen, daß die Dame sperrige Gegenstände sammelte, wie zum Beispiel Barockmöbel, landwirtschaftliche Geräte oder Musikinstrumente, Regenschirme oder ähnliches. Man muß also im Kleinen suchen. Seltene Briefmarken?«

»Kalt, eiskalt.«

»Diamanten?«

»Eiskalt, Sie sind am Nordpol.«

»Grammophonnadeln? Reißzwecken? Mikroben?«

»Eiswüste. Ich helfe Ihnen ein wenig nach und sage Ihnen, daß vor dem Deutschprofessor mindestens hundertfünfzehn junge Männer aus den besten Familien von Ascoli und Umgebung um ihre Hand angehalten hatten.«

»Ihre Großmutter bewahrte wohl die Briefe mit den Heiratsanträgen auf?«

»Kalt, kalt. Ich füge noch hinzu, daß viele der verschmähten Jünglinge unversehrt aus dem Abenteuer hervorgingen, heirateten, Karriere machten, in Wohlstand alt wurden, geschätzt von allen Bürgern der Stadt, auch von meiner Großmutter. Andere dagegen, vielleicht mit schwächerem Charakter oder von tieferer Leidenschaft, wurden von einem seltsamen Wahn erfaßt. Haben sie schon einmal von den Styliten sprechen hören?«

»Von den Styliten? Ja, ja, die gibt es: Das sind doch die alten orientalischen Anachoreten, die den höchsten Punkt einer Säule als Wohnsitz wählten, um in asketischer Abgeschiedenheit zu leben. Ja, von denen habe ich gehört, aber es fällt mir schwer, das zu glauben. Ich frage mich zum Beispiel, wie sie gewissen Bedürfnissen nachkamen, ohne herabzusteigen und ohne Ärgernis zu erregen. Aber natürlich, das erzählt man von ihnen. Das heißt also, eine Säule. Und auch die jungen Männer aus Ascoli?«

»Ja, sie auch, einer nach dem anderen, sie-benundzwanzig an der Zahl, sie zogen sich ins Trontotal zurück, jeder auf einer Säule entweder aus Tuffstein oder aus Ziegeln, je-der an einer eigens dafür ausgesuchten Ecke, in einem Wald, an einem Abgrund, an einer Flußschleife.«

»Und wovon lebten diese modernen Ana-choreten der Liebe?«

»Für den Unterhalt sorgten die Familien, mit verschiedenerlei Methoden. Einige Sty-liten hatten eingewilligt, einen mit einem Seil versehenen Korb auf ihre Säule zu stel-len, den sie hinunterließen, sobald der Die-ner mit dem Proviant auftauchte. Andere, die den Korb abgelehnt hatten, erreichte man mit langen Stangen, an die man Hühn-chen am Spieß, Würste, Schafskäse und je nach Jahreszeit Birnen und Pfirsiche aus unserer Gegend steckte, Sie haben sicher schon verstanden.«

»Aber trotzdem, der Unbill der Witterung waren sie ausgesetzt, die armen jungen Männer...«

»Denken Sie, nur einer hatte eingewilligt, sich mit einem großen grünen Regenschirm, wie ihn die Hirten haben, recht und schlecht zu schützen.«

»Da wird es jede Menge Bronchitis gegeben haben.«

»Nicht einmal so häufig. Es waren lauter gesunde, kräftige junge Männer, Sports-typen. Auf diesen Säulen wurde täglich ge-turnt. Manche lernten perfekt Yoga. Und im übrigen ließen sich alle im Lauf von zwei bis drei Jahren überreden, wieder auf den Bo-den zurückzukehren. In die Stadt kehrte kei-ner zurück: Manche emigrierten nach Turin oder nach Guatemala, andere fuhren zur See, wieder andere zu Handelszwecken in den Orient, wodurch sie überall den guten

Ruf unseres schönen Ascoli verbreiteten.«

»Einverstanden«, sagte ich, »und ich freue mich auch darüber, für sie und für ihre Familien. Aber ich sehe nicht, an welcher Stelle dieser Geschichte die Sammlung Ihrer Großmutter ihren Platz hat. Wenn sich die jungen Männer umgebracht hätten, dann hätte sie ihre gebrochenen Herzen sammeln können, aber so...«

»Die gute Frau! Sie war gewiß keine Messalina. Sondern eine freundliche, sensible Person, nur ein klein wenig kokett, in allen Ehren natürlich. Als die jungen Männer in ihrer vorübergehenden Verzweiflung sich für das harte Dasein des Styliten entschieden, schickte sie ihnen insgeheim eine durchaus verläßliche Person nach, die den Auftrag hatte, sie heimlich zu fotografieren, während sie mit gekreuzten Beinen auf ihren Kapitellen hockten. So waren in der Handtasche meiner Großmutter siebenundzwanzig Photographien versammelt, auf denen ebensoviele Styliten aus dem zwanzigsten Jahrhundert abgebildet waren. Ein historisches Dokument von höchster Bedeutung, mein Herr.«

»Nur schade, daß die Sammlung verlorengegangen ist...«

»... und daß Sie mir nichts glauben.«

»Aber nein, ich glaube Ihnen alles ohne den geringsten Vorbehalt.«

»Danke«, sagte der Reisende lächelnd, »das sagen Sie nur aus Freundlichkeit. Aber noch bevor der Hahn kräht, werden Sie alles Ihrer Frau oder Ihren Freunden erzählen und dazu noch einige gesalzene Bemerkungen darüber machen, daß manche Leute mit dem Zug herumfahren, nur um absurde Geschichten zu erzählen, die glaubt natürlich keiner, und es geschieht alles nur zum Zeitvertreib.«

»Ich schwöre Ihnen…«

Der Reisende lächelte und verjagte das Thema unserer Unterhaltung mit der Hand, als würde er eine Fliege verscheuchen.

»Wenn Sie beim letzten Karneval in Ascoli gewesen wären, dann hätten Sie mitten im Gewühl der Maskenumzüge und der Zuschauer, die aus der ganzen Region gekommen waren, in den Straßen und auf den Plätzen immer wieder eine weiße Säule gesehen. Ich meine einen Herrn, der als Säule maskiert war. Er trug ein weißes Leintuch, das an den Schultern zusammengenäht war. Auf den Schultern stand eine strahlend weiße Plastiksäule mit einem eleganten Kapitell, in der natürlich sein Kopf versteckt war. Zwei kleine Löcher hatte die Säule in Augenhöhe des Trägers. Wenn jemand fragte, was er darstellen sollte, antwortete der Unbekannte: Sehen Sie das nicht selbst? Ich bin der Kardinal Colonna, also Säule. In Wirklichkeit sollte die einsame Maske die ascolanischen Styliten feiern und an sie erinnern. Und natürlich auch an meine Großmutter. Denn der vermeintliche Kardinal Colonna, das war ich, mein lieber Herr.«

Nun war ich an der Reihe, über die liebenswerte Geschichte zu lächeln. Darauf folgte ein kurzes Schweigen, dem ich ein Ende machte und meinen Reisegefährten fragte: »Sammelte Ihr Vater auch etwas?«

»Natürlich. Ich habe Ihnen doch gesagt, es handelte sich um eine Art Krankheit in meiner Familie. Der Großvater hatte seine Bahnhöfe, die Großmutter ihre gebrochenen Herzen… Und ich habe auch mein Hobby, wenn Sie mir dieses häßliche, aber nützliche Wörtchen nicht übelnehmen.«

»Welches Hobby, wenn ich fragen darf?«

»Nicht alles auf einmal. Reden wir erst von meinem Vater. Ein Staranwalt, der Beste in den Gerichtssälen von Ascoli. Ein lebenslustiger Mann und, nebenbei gesagt, keinem Scherz abgeneigt. Mehr als ein Karneval von Ascoli verdankt ihm das Renommee, wie ich Ihnen erzählen könnte, wenn Sie mich einmal besuchen.«

»Sie dürfen mir glauben, ich werde mein Möglichstes tun.«

»Danke. Bei der Gelegenheit werde ich Ihnen die außergewöhnliche Sammlung meines Vaters zeigen, die nun in einigen Regalen seiner Bibliothek ausgestellt ist.«

»Also Bücher?«

»Kalt, kalt. Versuchen Sie's noch einmal.«

»Nein, ich ergebe mich sofort. Die Sammlungen Ihrer Familie kann man nicht erraten.«

»Sie müssen wissen«, erzählte der Reisende, »daß mein Vater als Kind so wundervolles blondes Haar hatte, daß er eher wie ein niedliches kleines Mädchen aussah. Leider war es damals üblich, daß die kleinen Jungen beinahe kahlgeschoren wurden. Meine Großmutter mußte schließlich nachgeben und die leichten glänzenden Locken der Schere des Familienfriseurs opfern. Aber sie brachte es nicht über sich, sie verbrennen zu lassen. Im Gegenteil, sie hob sie alle nach und nach, wie sie unter der Schere fielen, liebevoll vom Boden auf, steckte sie in einen Umschlag, versah ihn mit dem Datum und bewahrte ihn mit den Dingen auf, die ihr lieb geworden waren. Das beeindruckte den kleinen Jungen so sehr, daß ihm augenblicklich ein Plan in den Sinn kam, an dessen Ausführung er sein Leben lang festhielt.«

»Ich glaube zu verstehen, daß ...«

»Ja, sein ganzes Leben sammelte mein Vater sein eigenes Haar. Jedesmal, wenn er zum Friseur ging, immer zu demselben, siebenunddreißig Jahre lang, hob er sein Haar vom

Boden auf, steckte es in einen Umschlag, schrieb darauf das Datum und jeglichen anderen nützlichen Umstand. Zum Beispiel: *Geschnitten zur Hochzeit von Onkel Filippo, Schnitt zur Verlobungsfeier meines Freundes L. M.* und so weiter. Es hat keinen Sinn, wenn ich Sie mit allzu vielen Einzelheiten langweile. Bedenken Sie lieber: Das ganze Leben eines Mannes dokumentiert durch sein Haar, zuerst blond, dann hellbraun, schließlich immer grauer. Und jedes Haar wer weiß wie viele Geschichten: Krankheiten und Emotionen, Ereignisse im persönlichen Leben, vielleicht auch im Leben der Nation oder der ganzen Welt. So wissen wir, daß sich mein Vater genau an dem Tag die Haare schneiden ließ, an dem Italien 1940 in den Krieg eintrat. Glauben Sie nicht, daß sich aus seinen abgeschnittenen Haaren eine Wirkung jenes dramatischen Tages erkennen ließe?«

»Vielleicht ein Spezialist, ein Wissenschaftler könnte...«

»Ich habe die Sammlung meines Vaters schon verschiedenen Universitäten angeboten, zu wissenschaftlichen und menschenfreundlichen Zwecken. Aber es sieht aus, als wäre das Interesse an solchen Dingen nun schon ganz geschwunden.«

»Apropos«, unterbrach ich ihn, »Sie haben von siebenundddreißig Jahren gesprochen. Ihr Vater hat also schon in jungen Jahren mit dem Sammeln aufgehört?«

Der Reisende seufzte.

»Mit zweiundvierzig«, sagte er, »bekam mein Vater eine Vollglatze, ohne jeglichen Grund. Er war untröstlich über diesen grausamen Scherz des Schicksals, das offenbar dann und wann dem Sammlergeist mit Vergnügen einen Streich spielt. Bald darauf wurde er krank und starb. Nun bin nur noch ich übrig, um die Familientradition fortzuführen.«

»Sammeln Sie auch Ihr eigenes Haar?«

Aber der Reisende antwortete mir nicht. Seit einigen Minuten hatte er begonnen, besorgte Blicke aus dem Abteilfenster zu werfen. Eine merkwürdige Ängstlichkeit ergriff ihn immer mehr. Der Zug, der bis jetzt wie ein Füllen dahingaloppiert war, fuhr langsamer.

»Heiliger Strohsack«, rief der Reisende, »wir sind schon in Tradate. Und ich glaubte, wir wären noch in Saronno! Entschuldigen Sie einen Moment, ich komme gleich wieder.«

Und er lief weg, als wollte er aussteigen.

»Sie haben Ihren Koffer vergessen!« rief ich ihm nach.

»Macht nichts, ich hab Ihnen doch gesagt, ich komme gleich wieder.«

Der Zug fuhr in den Bahnhof ein, und wie üblich kreischten die Bremsen auf den Schienen. Aus dem Bürogebäude trat der Bahnhofsvorstand mit roter Schirmmütze und schwenkte sein zweifarbiges Täfelchen. Ich sah, wie er stehenblieb und ein paar Worte mit dem Schaffner wechselte, wie er zur Lokomotive ging, aus der sich der Lokführer herausbeugte und sich die Hände an einem schmutzigen Lappen abwischte. Die übliche Szene, nichts weiter, mit Ausnahme jenes Herrn, der den Bahnsteig entlanglief, als müßte er in den Zug steigen, aber er lief an den einladenden offenen Wagentüren vorbei und schrie etwas, das ich nicht verstehen konnte. Es war mein Reisegefährte, und sein Ziel war nichts anderes als der Bahnhofsvorstand, vor dem er keuchend stehenblieb. Er sagte etwas zu ihm, worauf der andere mit einem Kopfschütteln antwortete. Der Reisende wurde hitziger, worauf

ihm ebenso hitzig und verneinend geantwortet wurde. Die höfliche Unterredung
verwandelte sich schnell in eine lebhafte
Auseinandersetzung, dann in einen Zu-
sammenstoß, bei dem wütend gestikuliert
wurde. Es sah aus, als sollten sie nun hand-
greiflich werden... Natürlich, mein Reisegefährte packte seinen Gesprächspartner am
Kragen und schüttelte ihn kräftig, während
der andere rief: »Polizei! Polizei!«

Ein Polizist kam gelaufen, packte den wild
gewordenen Reisenden am Arm und zerrte
ihn energisch weg, wodurch der Bahnhofsvorstand seine Bewegungsfreiheit wieder-
bekam, die er unverzüglich dazu nützte, dem
Zug das Abfahrtssignal zu geben.

Mein Reisegefährte folgte nun schon resi-
gniert dem Polizeibeamten. Ein untröst-
liches Lächeln lag auf seinem keineswegs
unsympathischen Gesicht.

»Ihre Koffer«, rief ich, aus dem Abteilfenster
gelehnt, als wir uns nahe waren.

»Ach ja, vielen Dank. Geben Sie her.«

»Aber was ist Ihnen denn passiert?«

»Nichts Schlimmes, nur ein kleiner Arbeits-
unfall. Die Sache wird gewiß ohne Schaden
ausgehen, und vielleicht werde ich sogar,
was am meisten zählt, den Gegenstand meiner Wünsche bekommen.«

»Ich verstehe zwar nichts, aber ich wünsche
Ihnen trotzdem alles Gute.«

»Sie verstehen nichts? Aber das ist doch
ganz einfach. Ich sammle Bahnhofsvor-
standspfeifchen. Ich habe mir vorgenommen, von jedem Bahnhof, an dem mein se-
liger Großvater gewesen ist, das Pfeifchen
mitzunehmen. Es fehlte mir das Pfeifchen
von Tradate. Aber ich bekomme es schon
noch, keine Angst. Und wenn Sie nach Ascoli Piceno kommen sollten, fragen Sie nach
mir, Dr. ...«

Ein schriller Pfiff der anfahrenden Lokomotive verschluckte seinen Namen. Das Ende dieser Geschichte werde ich schwerlich erfahren.

Ein Junge ging immer auf demselben Weg von der Schule nach Haus. Er kannte noch keinen anderen. Er hatte noch Angst, sich neue Wege zu suchen. Aber eines Tages ging er einen anderen Weg. Schon bald tauchte

Das Lied des Gitterzauns

ein großer Park vor ihm auf, den ein langes Eisengitter von seinem Bürgersteig trennte. »Schön«, sagte der Junge und machte etwas, das neunundneunzig Kinder von hundert an seiner Stelle gemacht hätten: Er zog sein Lineal aus der Schultasche und ließ es die Eisenstäbe entlangrattern, bis der steinerne Pfeiler eines Gartentors seinen Lauf aufhielt. Da ging er noch einmal zurück. Die Eisenstäbe antworteten auf die raschen Berührungen des Lineals, indem sie lustige, hüpfende Noten hören ließen. Wenn der Junge in die eine Richtung lief, bildeten die Noten eine aufsteigende Tonleiter, von den tiefsten Noten angefangen bis hinauf zu den höchsten und dünnsten. Wenn er in die andere Richtung lief, hörte er eine absteigende Tonleiter, von einem hohen ›dlin dlin‹ bis zu einem tiefen ›dlon‹ und einem noch dunkleren ›dlun dlun‹.

Der Junge hatte noch nie vorher dieses Spiel gespielt, deshalb wiederholte er alles mehrmals, den Bürgersteig hinauf und hinunter vom einen Ende des Gitterzauns bis zum anderen, die klingenden Stäbe hinauf und hinunter. Dann blieb er stehen, um Atem zu schöpfen. Als er wieder anfing, lief er nicht mehr, sondern ging mit kleinen Schrittchen

und klopfte mit dem Lineal deutlich voneinander abgesetzte Schläge auf die Stäbe,
übersprang dann einige und ging zurück, um
noch einmal auf einen Stab zu klopfen, der
vorher besonders geklungen hatte. Vielleicht kann man sagen, der Junge spielte
nicht mehr mit dem Eisengitter, sondern er
spielte auf dem Eisengitter wie auf einem
Klavier oder einem Xylophon, denn er suchte die richtigen Tasten, um eine Melodie
zusammenzubringen.

»Schön«, sagte der Junge noch einmal. Diesmal war ihm ein seltsames Lied gelungen.

»Das soll ›Das Lied des Gitterzauns‹ heißen.«
Ein naher Kirchturm schlug die Stunde. Der
Junge zählte die Schläge, er merkte, daß es
spät war, und es fiel ihm ein, daß er zu Hause erwartet wurde.

»Morgen komme ich wieder«, sagte er und
streichelte den Gitterzaun zum letztenmal
mit seinem Lineal.

Am nächsten Tag kam er wieder und viele
andere Tage ebenso. Nun ging er praktisch
immer den neuen Weg, und jedesmal blieb
er stehen, um auf dem Gitterzaun zu spielen.
Er erfand immer wieder neue Lieder, indem
er im Takt auf die Stäbe schlug. Er erfand ein
Lied für jeden einzelnen Baum, den er im
Park sehen konnte: für die Pinie, die Tanne,
die Libanonzeder, die schlanke Zypresse,
die wie ein Finger in den Himmel ragte, um
die Wolken zu kitzeln. Er erfand ein Lied für
den Weg, der zur Villa hinaufführte, für die
Pfade, die in die grünen Gewölbe unter den
Bäumen vordrangen, für die Gebüsche und
für die Blumenrabatten. Weder seinen Eltern noch seiner Lehrerin, noch seinen Klas-
senkameraden sagte er etwas von seiner
Entdeckung. Das musikalische Eisengitter
war sein Geheimnis. Jeder hat das Recht, ein
Geheimnis zu haben.

Während er eines Tages ein neues Lied auf den Stäben probierte, kam eine verärgerte Stimme aus der Villa zu ihm herunter:

»Du Junge da unten, hörst du jetzt auf? Jetzt quälst du meine Ohren schon eine Stunde lang mit deinem dummen Spiel.«

Der Junge schaute nach oben. Die Fenster der Villa waren offen, und das erinnerte ihn daran, daß sie sonst immer geschlossen gewesen waren. Vielleicht waren die Besitzer weggewesen, und jetzt waren sie wieder da. Auf einem Balkon stand ein alter Herr im Schlafrock. Er hatte ein Buch in einer Hand und in der anderen eine Brille, die er drohend schwenkte.

»Du hast genug Lärm gemacht und mich beim Lesen gestört. Jetzt geh nach Haus, und versuch es nie mehr, sonst hole ich den Gendarm.«

Der Junge versuchte sich nicht einmal zu verteidigen, zu erklären, daß er keinen Lärm machte, sondern auf jenen wunderbaren Stäben Lieder erfand. Er steckte sein Lineal in die Schultasche und lief erschrocken davon, während ihn der alte Herr mit seiner trockenen, feindlichen Stimme verfolgte:

»Laß dich nicht mehr blicken, verstanden?«

An den folgenden Tagen ging der Junge immer wieder an der Villa vorbei, vorsichtshalber auf dem gegenüberliegenden Bürgersteig, aber immer waren einige Fenster offen, oder der alte Herr ging sogar im Park spazieren, oder ein Hund lag neben dem Parktor. Der Junge mußte sich damit begnügen, die verbotenen Stäbe verliebt anzusehen, und dann eilte er seufzend nach Hause. Wie oft sagte er im Geist zu dem unsympathischen Herrn: »Es wundert mich wirklich, daß einem gebildeten Menschen wie Ihnen, der ununterbrochen dicke, schwarz gebundene Bücher liest, die Musik nicht gefällt.

Und warum spielen Sie nicht auf dem Eisengitter, um neue Melodien und Lieder herauszulocken? Warum sind Sie so dumm? Warum hassen Sie die Kinder?«

In der Zeit lernte die Mutter des Jungen eine Dame kennen, die Klavier spielen konnte. Der Junge, der seine Mutter bei einem Besuch begleitete, sah das außergewöhnliche Instrument, und er bekam sogar die Erlaubnis, mit den Fingern seine wunderbaren Tasten zu berühren. Er berührte da und dort eine, so wie es kam, wobei er versuchte, die Klänge untereinander zu verbinden, während ihm das Herz in der Brust zum Zerspringen klopfte.

»Dieses Kind scheint mir Talent für die Musik zu haben«, sagte die Dame. »Warum schicken Sie es mir nicht einmal? Ich würde ihm gern einige Stunden geben, nur so zur Probe.«

Aber die Dame redete nur, um sich freundlich zu zeigen. Im übrigen mußte sie am nächsten Tag nach Paris abreisen. Es wurde alles auf ihre Rückkehr verschoben. Aber ob sie je von Paris zurückgekehrt ist, hat der Junge nie erfahren. Diese Dame und ihr Klavier sind spurlos verschwunden. Dann passierten viele Dinge. Der zweite Weltkrieg brach aus. Der Vater des Jungen wurde eingezogen. Man konnte in solchen Augenblicken nicht an die Musik denken. Leider wurden aus den Augenblicken Jahre.

Der Junge wuchs heran und kam in die höheren Volksschulklassen. Er hatte selbst den Gitterzaun vergessen. Der fiel ihm eines Tages wieder ein, als er zufällig an der Villa vorbeiging und sah, daß das Eisengitter weg war: Man hatte es weggenommen, das Eisen brauchte man für die Kanonen. Auch die Glocken hatte man aus dem Kirchturm geholt.

Viele Jahre später war aus dem Kind ein Bankangestellter geworden. Diese Arbeit mißfiel ihm nicht; jede Arbeit ist gut, wenn man sich seinen Lebensunterhalt damit verdienen muß. Manchmal fragte sich aber der Bankangestellte: »Wer weiß, ob ich unter anderen Umständen ein guter Musiker hätte werden können...?«

Aber das fragte er sich nicht besonders oft, denn wer arbeiten muß, um zu leben, hat keine Zeit, alten Träumen nachzuhängen.

Der Bankangestellte lebte nun schon lange nicht mehr in der Stadt seiner Kindheit. Einmal mußte er im Auftrag der Bank dorthin zurück. In den freien Stunden ging er wie verzaubert durch die alten engen Straßen. Er fühlte sich, als wäre er wieder ein Kind geworden, das den Weg zwischen Wohnung und Schule ausdehnte und abwandelte, um neue Dinge zu sehen und die Welt zu entdecken. Da stand er plötzlich vor der Villa und dem großen Park, der nach dem Krieg wieder seinen imposanten Eisenzaun bekommen hatte. Da waren die Stäbe...

Es waren vermutlich nicht dieselben. Aber alles war wieder wie in jenen fernen Zeiten. Ein Junge kommt um die Ecke und läßt seine Schultasche hin und her schaukeln. Er bleibt stehen. Er schaut die Villa an: Alle Fenster sind geschlossen, das heißt, die Besitzer sind unterwegs.

»Jetzt das Lineal«, dachte der Angestellte. Da nahm der Junge ein metallenes Lineal aus seiner Schultasche und begann damit auf die Stäbe zu klopfen, so versunken, als würde er einem inneren Rhythmus folgen.

›Dlen, dlen, dlen‹, schallte es von den Stäben. »Merkwürdig«, dachte der Bankangestellte, »ich höre überhaupt keinen Unterschied zwischen den einzelnen Tönen. Und wenn ich überlege, ist es auch richtig so. Die Stäbe

haben alle dieselbe Länge und dieselbe Dikke: Wie sollten sie verschieden klingen?«
Aber das Kind berührte die Stäbe nach seinem geheimnisvollen Plan.
»Ciao«, sagte der Bankangestellte, als er in seiner Nähe war.
Der Junge zuckte zusammen, als wäre er bei etwas Verbotenem ertappt worden.
»Hab keine Angst«, sagte der Bankangestellte, »die Fenster sind zu. Der alte Herr ist nicht zu Hause.«
»Was für ein alter Herr?« fragte der Junge.
»Der immer böse wird, wenn du mit den Stäben Lärm machst.«
»Das ist kein alter Herr«, sagte der Junge, »das ist ein altes taubes Fräulein. Sie sagt nichts, weil sie nichts hört. Ihr Dienstmädchen wird böse.«
»Sicher«, dachte der Angestellte, »der alte Herr muß längst gestorben sein. Nun sind neue Besitzer da.«
»Das Dienstmädchen sagt«, fuhr der Junge fort, »ich bin ungezogen und störe die Ruhe. Aber das stimmt nicht. Ich mache keinen Lärm, sondern ich spiele Musik. Möchten Sie es hören?«
»Los, laß hören«, sagte der Bankangestellte.
»Hören Sie«, sagte der Junge, »das ist ›Das Lied der sterbenden Kastanie‹. Sehen Sie den Baum dort? Das ist eine Kastanie. Sie ist krank wie fast alle Kastanienbäume in Europa. Das haben wir in der Schule gelernt.«
»Laß hören«, sagte der Bankangestellte noch einmal.
Der Junge begann mit seinem Lineal auf die Stäbe zu klopfen. Er hatte einen gesammelten, beinahe leidenden Gesichtsausdruck. Er berührte bald den, bald jenen Stab, wobei er einige übersprang, mitunter auch fünf auf einmal, als wollte er ein besonderes Intervall herausholen.

Aber der Bankangestellte hörte immer nur dieselbe, ein wenig dumpfe Note: ›Dlen, dlen, dlen...‹

»Hören Sie es?« sagte der Junge. »Die Kastanie ist krank, aber nicht traurig, weil die Vögel in ihren Ästen noch Nester bauen. Verstehen Sie?«

Aber der Bankangestellte hörte nur den einen dumpfen, monotonen Klang: ›Dlen, dlen, dlen...‹

»Deshalb«, sagte das Kind, »darf das Lied nicht mit einer tiefen Note aufhören, die wie eine Totenglocke klingt, sondern mit einer hohen, ruhigen Note.«

›Dlen, dlen...‹ hörte der Bankangestellte.

Nun verstand er, warum ihn der alte Herr damals mit solcher Bitterkeit beschimpft hatte. Ein erwachsenes Ohr ist nicht imstande, die Musik zu hören, die ein Kind mit seinem Lineal und seiner unverbrauchten Phantasie in den Stäben klingen läßt.

»Hat es Ihnen gefallen?« fragte der Junge.

»Sehr«, sagte der Bankangestellte, um ihn nicht zu enttäuschen.

Vom Kirchturm schlug es fünf.

»Ich muß nach Hause gehen zum Nachmittagsimbiß«, sagte der Junge. »Auf Wiedersehen.«

»Ciao«, sagte der Bankangestellte. Und er blieb noch einige Minuten stehen und schaute sich die Kastanie an, auf deren Blättern die Sonne spielte, bevor sie unterging.

»Die Gräfin Castigliona ist nach Venedig gefahren«, sagte Motti eines Tages feierlich zu Pacchetto.

»Die Glückliche«, lautete die Antwort. »Sie kann sofort auf den Markus-

Eine Serenade in Venedig

platz gehen, das Geld für das Taubenfutter hat sie ja.«

»Dabei fällt mir ein«, fuhr Motti fort, »daß du früher einmal Gitarre spielen konntest.«

»Konnte ich, Motti, das kannst du sagen, ohne zu lügen. Aber sag mir sofort, was hat die Castigliona mit der Gitarre zu tun, sonst bekomme ich Kopfweh. Du weißt, ich hab ein empfindliches Gehirn.«

»Erinnerst du dich noch an das Diamanten-kollier, das wir am Hals der Gräfin gesehen haben, als wir uns damals in der Scala die ›Traviata‹ anhörten?«

»Es war die ›Bohème‹, Motti! Daß du in deinem Alter Verdi noch nicht von Puccini unterscheiden kannst, betrübt mich, lieber Motti. Aber was das Kollier betrifft, hast du recht, es waren Diamanten, und du hattest da so eine Idee.«

»Ja«, sagte Motti, »die Idee habe ich immer noch, die geht hin und her in meinem Kopf. Glaubst du, die Gräfin nimmt ihr Kollier mit nach Venedig?«

»Darauf kannst du schwören. Nach Venedig fährt man doch, um sich sehen zu lassen.«

»Und glaubst du nicht, daß eine so musik-begeisterte Dame eine Serenade zu schätzen wüßte?«

»Das glaube ich wohl, Motti. Venedig ist wie geschaffen für Serenaden. Das weiß ich von meinem Vetter Riccardo, genannt Schnellfinger, der in der Gegend im Knast war. Dem kommen heute noch die Tränen, wenn er sich an die Serenaden erinnert, die unter seiner Zelle auf dem Kanal gesungen wurden. In Venedig, lieber Motti, hat man doch nicht den Krach von Straßenbahnen und Autos wie in Mailand oder auch in Varese: Dort herrscht eine wunderbare Stille, und wenn einer singt, dann hört man seine Stimme schon von ferne, und man meint, es wäre die Stimme der Lagune, die Stimme der alten Paläste, die im Mondschein schlafen.«

»Hör auf mit deiner Romantik, Pacchetto. Mir genügt es, wenn du singen, Gitarre spielen und eine Gondel fahren kannst.«

»Unmöglich, Motti: Wenn ich Gitarre spiele, kann ich nicht rudern. Ohne Gondoliere geht's nicht, Motti: Das sag ich dir gleich, denn später käme es mir vielleicht nicht mehr in den Sinn und ich wäre in einem schönen Schlamassel, hätte in der einen Hand die Gitarre, in der anderen das Ruder, und du müßtest mir leihweise eine dritte Hand geben, damit ich die Saiten zupfen kann.«

»Du bekommst deinen Gondoliere, Pacchetto. Und du wirst so schön singen, daß die Gräfin Castigliona auf ihren Balkon heraustreten wird, um dich zu hören, und ich werde mich in ihr Zimmer schleichen und das Kollier nehmen.«

»Du denkst wirklich an alles, Motti. Hast dir auch schon überlegt, welches Lied ich singen soll? Was hältst du von dem, wo es heißt: ›Sag deiner Mama, sie soll dich zum Milchholen schicken...‹?«

»Hm. Für die Gräfin sollte es vielleicht etwas Romantischeres sein. Aber das musikalische Programm stellen wir dann im Zug zusammen. Jetzt kaufen wir erst mal eine Gitarre.«

Motti war der intelligenteste Dieb im Dreieck Mailand–Turin–Genua; für ein Parallelogramm kann man auch Bologna hinzufügen. Pacchetto war der einfältigste Dieb von Mittel- und Südeuropa. Niemand erinnerte sich mehr an seinen standesamtlichen Vor- und Nachnamen: Alle nannten ihn Pacchetto, das heißt Päckchen, seitdem er sich bei einem Diebstahl in einem Juwelierladen von den Gendarmen fassen ließ, weil er, anstatt das Weite zu suchen, stehengeblieben war, um aus dem Diebesgut ein schönes Päckchen zu machen und mit einer Silberkordel zu verschnüren.

Und wieso nahm Motti immer diesen kleinen Pfuscher mit?

»Geheimnisse eines Menschenherzens«, sagte der Wachtmeister De Dominicis vom Polizeipräsidium.

»Er hängt einfach an ihm, so wie du an deiner Katze hängst«, korrigierte ihn der Kommissar Geronimo.

Gerade der hatte sich sehr gewundert, als er von einem Informanten erfuhr, Motti sei in seinem besten Anzug nach Venedig gereist: allein. Von Pacchetto keine Spur. Der Kommissar konnte nicht wissen, daß Motti vorsichtshalber den Pacchetto mit einem früheren Zug nach Venedig geschickt hatte und daß dieser in einer kleinen Pension an der Rialtobrücke logieren würde, während er selbst im selben Hotel wie die Gräfin untergebracht war: Zur letzten Absprache wollten sie sich in dem Gasthaus ›Zu den zwei Mohren‹ treffen.

»De Dominicis«, beschloß der Kommissar, »die Beschattung von Motti kostet dich einen Abstecher nach Venedig. Ich kann mir nicht vorstellen, daß Motti hingefahren ist, um sich San Marco anzusehen.«

»Nach Venedig würde ich auch zu Fuß gehen«, antwortete De Dominicis.

»Unsichtbar bleiben und alles sehen: Ist das klar?«

»Bestens, Herr Kommissar.«

De Dominicis landete achtundvierzig Stunden nach Motti in Venedig. Es dauerte bei weitem nicht so lange, bis er herausbrachte, daß sich Motti in einem Luxushotel am Canal Grande (Canalazzo unter Freunden) eingemietet hatte.

»Großes Ding in Sicht«, überlegte der Wachtmeister, »sonst würde er nicht soviel für die Vorbereitung investieren. Das Hotel wird ihn eine Stange Geld kosten…«

Es kostete Motti aber noch viel mehr. Aber wie der Wachtmeister erst später erfuhr, hatte er ein hübsches Sümmchen im Spielkasino gewonnen, wohin er ohne ernsthafte Absichten gegangen war.

»Er hat gewonnen«, überlegte der Wachtmeister wieder, »jetzt läßt er sich's gutgehen. Dann ist doch kein großes Ding in Sicht. Schade, leb wohl, Venedig.«

Aber der Kommissar befahl ihm am Telefon: »Bleib vor Ort. Laß nicht locker. Vergiß nicht, es gab nur einen, der so schlau war wie Motti, aber der ist an einer Pilzvergiftung gestorben.«

Wie schlau Motti war, das sollte der Wachtmeister am nächsten Morgen erleben. Er folgte ihm aus der Ferne, den Blick auf seine breiten Schultern gerichtet, die in einem eleganten großkarierten Sakko steckten. Vor einer Sekunde hatte er ihn noch gesehen. Eine Sekunde später sah er ihn nicht mehr. Das Sakko war weg samt Motti.

»Er kann doch nicht gemerkt haben, daß er beschattet wird!« protestierte der Wachtmeister bei sich.

Ach was! Motti hatte nichts gemerkt. Nur daß er sich gewohnheitsmäßig so verhielt, als würde er beschattet: Spuren verwischen gehört zu den Untugenden des Metiers. Von einem Moment auf den anderen beschloß er beim Gehen, es sei womöglich angebracht, von der Bildfläche zu verschwinden: aus Gründen der Sicherheit oder um nicht aus der Übung zu kommen.

De Dominicis lief an dem Gasthaus ›Zu den zwei Mohren‹ vorbei, ohne sie zu sehen. Motti und Pacchetto standen drinnen neben der Theke und waren beschäftigt, sich unter den vielen Ballons, die in einer Reihe hinter dem Rücken des Wirts standen, etwas auszusuchen, und schwankten zwischen einem Merlot und einem Tokaier, einem Reciotto und einem Clinto, zwischen einem Bardolino und einem Valpolicella.

»Probieren wir einfach alle«, meinte Pacchetto.

»Dazu fehlt uns die Zeit«, sagte Motti. »Du sollst doch nicht wie ein Betrunkener singen.«

»Dann machen wir's heute abend?«

»Ja. Um zehn steigst du in deine Gondel und bist um zwanzig nach zehn in dem kleinen Kanal hinter dem Hotel. Der Balkon der Gräfin ist der dritte von links im zweiten Stock. Mein Fenster ist einen Stock höher: das zweite von rechts. Ich mache Licht, sowie du mit dem ersten Lied angefangen hast...«

»Das ist ›Komm in die Gondel, mein Liebchen‹.«

»Wenn die Gräfin auf dem Balkon erscheint, fängst du zum Zeichen für mich ein neues Lied an.«

»Dann singe ich ›Amalie, setz deinen Strohhut auf‹.«

»Sehr gut. Von dem Moment an Achtung auf mein Fenster! Solange es beleuchtet ist, bin ich an der Arbeit. Wenn ich mit den Diamanten in meinem Zimmer bin, mache ich das Licht aus. Ende der Serenade. Treffpunkt Bahnhof, beim Nachtzug. Wir können, glaube ich, risikolos miteinander nach Mailand zurückfahren.«

»Toll, Motti. Weißt du, was ich dir sage? Du bist toll. Aber wenn nun die Gräfin nicht auf den Balkon tritt?«

»Dem Lockruf deiner Gitarre könnte nicht einmal eine taube Gräfin widerstehen, Pacchetto. Sie wird bestimmt heraustreten.«

Und die Gräfin trat heraus. Alles lief, wie es Motti geplant hatte. Als Pacchetto das Licht im Zimmer seines Freundes ausgehen sah, wußte er, das Diamantenkollier hatte den Besitzer gewechselt. Er hörte auf zu singen und befahl dem Gondoliere sich zu entfernen.

»Ach«, dachte er, während er die letzten Akkorde zupfte und sich vor der kleinen Menge verbeugte, die auf einer Brücke stehengeblieben war und applaudierte, »gibt es denn etwas Schöneres als die Musik, abgesehen vom Kollier der Castigliona? Grausames Geschick, du hättest einen Beethoven aus mir machen können oder wenigstens einen Celentano!«

Aus diesen Gedanken rüttelte ihn ein erbarmungswürdiges Schauspiel auf: An das Brett eines Gitterfensters, ungefähr einen Meter über dem Kanal, klammerte sich ein Kätzchen und miaute flehentlich.

»Wie bist du denn da gelandet?« sagte Pacchetto gerührt. »Hat dich jemand dorthin gesetzt, um dir einen bösen Streich zu spielen? Hoffe nicht, daß dieses Fenster aufgeht. Dahinter liegt nur ein verlassener Keller. Komm, laß dich retten von Pacchetto.«

Der Gondoliere ruderte direkt unter das Fenster; Pacchetto streckte seine Hand aus, aber das Kätzchen wich erschreckt zurück und zwängte sich zwischen die Stäbe und die verstaubten Fensterscheiben.

»Du traust wohl den Menschen nicht, oder? Kein Wunder nach dem, was sie dir angetan haben. Aber Pacchetto ist nur da, um dir zu helfen, Brüderchen. Hab keine Angst und komm! Du wirst doch nicht da oben bleiben und verhungern wollen.«

Und da sich das Kätzchen nicht überreden ließ, erhob sich Pacchetto, unter sich die schwankende Gondel, beugte sich weit hinaus...

Und eine Sekunde später lag er im Wasser, mit noch umgehängter Gitarre.

»Hilfe! Hilfe!«

Der Gondoliere hielt ihm das Ruder hin, damit er sich festhalten konnte. Pacchetto hielt sich so fest, daß er auch den Gondoliere mit ins Wasser zog.

Der Wachtmeister De Dominicis, der von der kleinen Brücke aus (wo er Mottis Fenster im Auge hatte) arglos der Serenade gelauscht hatte, zog seine Jacke und seine Schuhe aus und sprang ins Wasser. Nicht umsonst hatte er einen Kurs zur Rettung ertrinkender Badegäste besucht. Und während der Gondoliere leise schimpfend wieder in seine Gondel stieg, zog der tüchtige Polizist den anderen Schiffbrüchigen an Land. Erst jetzt schaute er ihm ins Gesicht.

»Pacchetto! Sieh mal an...«

»Da... dankeschön, Herr Wa... Wachtmeister.«

»Na, so ein Zufall. Wem hast du denn deine Serenade gesungen?«

»Einer... ja, einem Zimmermädchen in dem Hotel.«

»Na, hör mal. Und heißt es vielleicht zufällig Motti, dieses Zimmermädchen?«

»Motti? Was für ein komischer Name für ein hübsches junges Mädchen, Herr Wachtmeister. Sie heißt Ninetta, Herr Wachtmeister, Ninetta.«

De Dominicis unterbrach das Verhör, um in Pacchettos Taschen zu kramen.

»Herr Wachtmeister, das ist Hausfriedens-
bruch!«

In der Innentasche des Saccos fand er die
Brieftasche. In der Brieftasche fand er eine
Fahrkarte zweiter Klasse Venedig – Mailand,
für zwei Personen.

»Für mich und Ninetta«, erklärte Pacchetto.
»Sie hat beschlossen, mit mir zu einem bes-
seren Geschick zu entfliehen. Wir werden
im Dom heiraten, mit Orgelmusik und allem
Drum und Dran...«

Im Zug nach Mailand ertappte der Wachtmeister De Dominicis den angstvoll auf seinen Kollegen wartenden Motti.

»Er kann nicht kommen«, erklärte er ihm
sanft, »er läßt seine Hose gerade trocknen.
Und er bittet dich, zu ihm zu kommen... auf
die Polizeiwache!«

»Warum? Herr Wachtmeister, wissen Sie,
daß Sie jetzt einen Bock schießen?«

»Nein, nein, ich fasse einen Dieb, ohne zu
schießen. Ich weiß noch nicht, was er gestohlen hat, aber das werde ich gleich erfahren.«

Mit professioneller Behendigkeit durch-
suchte er Motti und fand das Kollier der
Gräfin Castigliona und ... nieste dreimal,
weil er sich nach dem Sprung in den Kanal
noch nicht umgezogen hatte und patschnaß
war: patschnaß, aber sehr zufrieden.

Später saß Pacchetto kleinlaut und geknickt
in der Zelle wie ein Schüler, der eine Vier in
Geographie bekommen hat und erwartet,
daß seine Mama ihn verprügelt. »Motti, war
es vielleicht falsch, daß ich mich von einem
Kätzchen habe rühren lassen?«

»Auf keinen Fall«, antwortete Motti liebevoll. »Wenn du an ihm vorbeigefahren
wärest, ohne ihm zu helfen, hätte ich dich
nie mehr gegrüßt.«

GIANNI RODARI, geboren 1920 in Omegna, war
Grundschullehrer und Journalist, bevor er sich
endgültig für den Beruf des Kinderbuchautors entschied. 1970 erhielt er für sein Werk den Hans-
Christian-Andersen-Preis, den wichtigsten inter-
nationalen Kinder- und Jugendbuchliteraturpreis.
Er starb 1980 in Rom.

…n Leuten

Ermanno Cavazzoni
Gesang der Mondköpfe

Ein selbsternannter Hygieneinspektor untersucht
Hinterhöfe mit Brunnen. Dort wohnen die Mond-
köpfe, schrullige Leute, die unerhörte Geschichten
erzählen (und veranstalten). *Gesang der Mond-
köpfe*, Cavazzonis erster Roman war die Vorlage
für Federico Fellinis wunderschönen, poetischen
Film *Die Stimme des Mondes*.
Aus dem Italienischen von Marianne Schneider
Quart*buch*. Gebunden. 300 Seiten

Goffredo Parise
Alphabet der Gefühle

Goffredo Parise, ein »Erzähler von weltliterarischer
Statur« (Wolfram Schütte), schreibt von den Men-
schen und ihren merkwürdigen Beziehungen, von
befremdlichen Ereignissen, die sie anders zurück-
lassen als sie vorher waren: in 55 seltsamen Ge-
schichten buchstabiert er uns das Alphabet der
Gefühle von A bis S.
Aus dem Italienischen von Christiane von
Bechtolsheim und Dirk J. Blask
Quart*buch*. Halbleinen. 336 Seiten

Leonardo Sciascia
Das weinfarbene Meer

Die besten Erzählungen des sizilianischen Autors,
von ihm selbst ausgewählt: Frauen, Kinder und
Narren stören den allgemeinen Landfrieden und
die herkömmlichen Sitten.
Aus dem Italienischen von Sigrid Vagt
Quart*buch*. Leinen. 160 Seiten

Wenn Sie mehr über den Verlag und seine Bücher wissen möchten, schreiben Sie uns eine Postkarte. Wir
schicken Ihnen gern die ZWIEBEL, unseren Westen-
taschenalmanach mit Lesetexten, Büchern, Fotos und
Nachrichten aus dem Verlagskontor.
Kostenlos, auf Lebenszeit!

Verlag Klaus Wagenbach
Ahornstraße 4, 10787 Berlin

9783803111647.3

Das fabelha]
erschien 19